UNE SECTE AU CŒUR DE LA RÉPUBLIQUE

SERGE FAUBERT

UNE SECTE AU CŒUR DE LA RÉPUBLIQUE

Les réseaux français de l'Église de scientologie

CALMANN-LÉVY

ISBN 2-7021-1947-6

SOMMAIRE

En souvenir de Bernard, l'Amiral...

AVANT-PROPOS

Les pages qui suivent pourront surprendre le lecteur. Bien qu'il y soit question d'une secte, l'Église de scientologie, on ne trouvera guère dans ce livre l'imagerie qui, d'habitude, accompagne les ouvrages consacrés aux sociétés secrètes et autres cultes de l'étrange. Disons-le tout de suite, on a déjà beaucoup écrit sur le sujet. Peut-être trop. Le délire de quelques illuminés méritait-il tant d'honneur ? L'opposition secte-religion ne nous a pas davantage intéressé. A quoi reconnaît-on une secte ? Quand est-on en présence d'une religion ? Là encore, il existe suffisamment de thèses et de mémoires sur le sujet pour ne pas encombrer davantage le marché. D'autant qu'il n'est pas certain que cette question soit passionnante.

Au fond, que la scientologie soit ou non une secte est accessoire dans ce livre. Nous n'avons adopté le terme que par commodité de langage. Si nous nous sommes penché sur cette organisation, c'est uniquement parce qu'elle a tissé depuis une vingtaine d'années en France un réseau d'influence qui parcourt tous les secteurs de la société. Un réseau clandestin. Au service d'une idéologie totalitaire. Comme tous les apôtres du bonheur de l'humanité, les scientologues sont en effet persuadés d'être les seuls à détenir les clés du paradis. Et, puisqu'il s'agit de sauver le monde, tout est permis. Y compris de subvertir les institutions.

C'est cette entreprise que nous avons essayé de démonter, connexion par connexion. Avec le souci de toujours nous en tenir aux faits, et aux faits seulement. Seul moyen de ne pas verser dans le fantasme de la conspiration mondiale. La chasse aux sorcières n'est pas notre tasse de thé. Les scientologues ne sont pas partout. Mais ils sont aux bons endroits.

Cette enquête s'appuie sur un lot de rapports secrets des services de sécurité de la secte, le Bureau des affaires spéciales (Office of Special Affairs). Rédigés entre 1988 et 1990, ces documents mettent en évidence l'ampleur de l'infiltration scientologue dans les centres de décision de la société française. On découvrira ainsi que les plus hautes sphères de l'État ont été pénétrées par les agents de l'Église. Et que ces derniers, lorsque l'organisation est menacée, savent utiliser leur position et leurs contacts pour entraver l'action de la police et de la justice.

Certes, les scientologues actifs en France ne dépassent pas le millier de militants. Rien au regard de l'effectif d'un parti politique, même si ce noyau dur influence une nébuleuse d'environ vingt mille personnes. Mais ce chiffre est déjà énorme pour un réseau de l'ombre. Avec dix fois moins de membres, la Loge P2 en Italie a réussi à ébranler l'État transalpin jusque dans ses fondations.

Surtout, l'Église de scientologie est une organisation internationale. Derrière les scientologues français, il y a toute une infrastructure qui travaille. Cloisonnée, disciplinée, hiérarchisée. Et même si les six millions de membres revendiqués par la secte dans le monde ne sont en fait qu'une centaine de milliers, quel organisme de sécurité peut prétendre aligner autant d'agents ?

La schizophrénie de cette machine n'est pas un rempart. Elle la rend au contraire plus dangereuse. La confrontation avec le réel est venu à bout des régimes totalitaires des pays de l'Est. Mais la scientologie, elle, évolue dans l'irrationnel. Le monde n'a pas prise dans cet univers autiste. Même la mort de son fondateur, en 1986, n'a pas réussi à ébranler durablement la secte. Alors oui, il est temps de prendre la menace au sérieux.

Encore un mot. La fonction ou la tranquillité de ceux qui nous ont aidé au cours de cette enquête impose que leur anonymat soit préservé. Qu'ils soient assurés ici de notre entière gratitude. Nos remerciements vont également au Centre contre les manipulations mentales (CCMM), qui nous a ouvert l'ensemble de ses archives. Puissent-ils tous trouver dans ce livre l'aboutissement de nos efforts communs.

1

NOTRE AGENT A L'ÉLYSÉE

> Les plus belles organisations de l'histoire ont été des organisations dures, vouées à leur tâche. Aucun groupe gnangnan de dilettantes efféminés n'a jamais réalisé quoi que ce soit. Nous vivons dans un univers dur [...]. Nous survivrons parce que nous sommes durs et dévoués. Quand nous faisons réellement et correctement l'instruction de quelqu'un, il devient un tigre.
>
> Lafayette Ron HUBBARD [1]

Rafle à l'Église

« Pascal, les flics viennent de débarquer. Ils fouillent partout. Ils vont sûrement venir chez vous. »

Au bout du fil, la voix chuchote. Pascal Parizot reconnaît néanmoins son correspondant. C'est l'un des responsables du Celebrity Center, le luxueux institut culturel que l'Église de scientologie a ouvert au 69 de la rue Legendre, à Paris. Déjà, l'interlocuteur a raccroché. Sans perdre de temps, Parizot rassemble ses affaires. Quelques dossiers et une poignée de disquettes informatiques qu'il fourre dans son cartable.

Le temps de dévaler les trois étages qui séparent son bureau de la porte d'entrée et le fugitif se retrouve sur le trottoir. Nez à nez avec une dizaine de policiers en civil qui,

1. LRH, Hubbard Communication Office Police Letter (HCO.PL), 12 octobre 1985.

sans le regarder, s'engouffrent aussitôt dans le hall du 65 rue de Dunkerque, le siège national de l'Église de scientologie. Le responsable du CC (Celebrity Center que les scientologues prononcent à l'anglaise « Cici ») ne s'était pas trompé : le coup de filet visait bien tous les locaux de la capitale.

Les inspecteurs ne s'en doutent pas, mais ils viennent, ce 4 juillet 1990, de laisser échapper une proie de choix. Et un redoutable adversaire. Car Pascal Parizot n'est pas un scientologue ordinaire. Il appartient au département le plus secret de la secte : l'Office of Special Affairs (OSA, le Bureau des affaires spéciales). Le service de sécurité de l'Église. Un service qui, depuis deux mois, s'efforce d'endiguer l'offensive de la justice contre la scientologie.

Tout commence en décembre 1989 à Marseille. La famille d'un médecin phocéen porte plainte : leur fils, récemment entré dans la secte, dilapide son patrimoine au profit de ses nouveaux amis. Déjà, il a laissé pour près de 100 000 francs dans les caisses de l'Église. Écoutes téléphoniques, filatures, vérification du train de vie des responsables, les fonctionnaires de la Brigade territoriale sud de la Sureté urbaine de Marseille, dirigée par le commissaire Pierre Petitjean, sortent le grand jeu. D'autant que les plaintes se multiplient. Cinq au total, émanant de proches des disciples, mais aussi d'anciens scientologues.

Le mercredi 16 mai 1990 à 9 heures, c'est le coup de filet. Munis d'une commission rogatoire délivrée par le juge Carole Sayouz, les policiers investissent le siège régional de l'Église, installé à Nice, et ses trois antennes marseillaises. Le fichier des adhérents, un millier de noms, et des documents comptables sont saisis. Vingt-six personnes sont interpellées. A l'issue de la garde à vue, quatre d'entre elles sont inculpées d'escroquerie, d'exercice illégal de la médecine et de violences avec préméditation : Sylvie Musset (27 ans), Marie-Ange Molina (33 ans), Isabelle Acher (26 ans), les trois responsables marseillais et Xavier Delamare (33 ans), le dirigeant régional. Sur le compte bancaire de ce dernier, les enquêteurs découvrent une somme de plus de 7 millions correspondant au chiffre d'affaires de l'Église pour 1989.

Purifiez-vous !

D'où vient cet argent ? Pour une bonne part des « cures de purification » prescrites aux fidèles. Ce « nettoyage », qui vaut aux quatre incarcérés d'être poursuivis pour exercice illégal de la médecine, coûte en effet 11 000 francs. Un dépliant de l'Église le présente en ces termes : *La procédure de Purification est tout simplement un programme destiné à nettoyer et purifier l'organisme de tous les résidus toxiques qui s'y sont accumulés (médicaments, drogues, insecticides, pesticides, conservateurs alimentaires, etc.) afin que la personne soit en mesure de penser clairement.*

En quoi consiste cette thérapie révolutionnaire ? Une brochure, *La Purification : une réponse illustrée au problème des drogues* [1], présente ainsi le programme journalier :

> *a) Exercice physique et sauna (on obtient en général les meilleurs résultats quand on fait cinq heures d'exercice et de sauna d'affilée, la majeure partie de ce temps étant passée au sauna).*
>
> *b) Une alimentation correcte, comprenant légumes, vitamines et minéraux en quantités bien déterminées.*
>
> *c) Une bonne nuit de sommeil, et ce tous les jours.*

Programme auquel il faut ajouter la prise quotidienne de Niacine (en réalité de la vitamine PP) ainsi qu'un cocktail de vitamines et de minéraux divers. *Lorsque vous prenez ces vitamines et ces minéraux, vous devez respecter les doses recommandées,* précisent les rédacteurs de la brochure. Une recommandation qui n'est pas superflue. Car, même en respectant les doses indiquées, *la Niacine peut produire des*

1. New Era Publications International, 1985.

effets dramatiques : elle peut provoquer des rougeurs « brûlantes », des picotements ou des démangeaisons qui peuvent durer une heure ou plus. La Niacine cause parfois d'autres réactions temporaires désagréables (urticaire, os douloureux, etc.). Tous ces effets sont dus au facteur suivant : La Niacine est en train de remédier à une carence de Niacine dans les cellules.

A cette consommation médicamenteuse, il faut encore adjoindre l'absorption quotidienne de Cal-mag, une boisson *découverte en 1973* par le fondateur de la secte, Lafayette Ronald Hubbard. En fait, un composé de calcium et de magnésium *mélangés dans des proportions très précises.* Lesquelles ? Par quel laboratoire ? L'Église ne le précise pas. Durée de la cure : *Deux semaines environ.* Qui surveille cette thérapie ? Un médecin ? Non : Le *superviseur* et *l'administrateur du programme de purification.* Qualification médicale ? Aucune. Les superviseurs n'ont d'autre formation que celle dispensée par l'Église de scientologie.

Certes, précise la brochure : *Les personnes ayant des troubles coronaires ou rénaux, de l'anémie ou de la pression* [sic !] *devront consulter un médecin et établir avec lui un programme beaucoup moins éprouvant.* Encore faut-il savoir que l'on est sujet à de pareils troubles.

11 000 francs pour une soixantaine d'heures de sauna, un peu de jogging et quelques vitamines, voilà qui est cher payé. Surtout pour une cure qui peut se révéler dangereuse. Heureusement, la brochure sait rassurer les esprits chagrins. *D'après les résultats observés lors des recherches et selon les personnes qui ont fait le programme, les effets des drogues prises dans le passé, les effets des médicaments et des alcools absorbés dans le passé et les effets des anesthésiques ou des sédatifs administrés dans le passé ont été « réactivés » et revécus. Ils ont ensuite disparu lorsque les résidus sont partis avec la transpiration.*

Mieux : *Certaines personnes déclarent que, pendant le*

programme, de vieux coups de soleil sont « réapparus », ont diminué, et sont définitivement partis. Il est aussi arrivé que des symptômes d'exposition aux rayons X aient diminué, pour finalement disparaître.

Plus fort encore : *Certaines personnes ont rapporté que les effets de retombées radioactives sont réapparus. Elles ont revécu et traversé ces effets, lesquels se sont dissipés au cours du programme. Il se peut même que les effets de l'Agent orange* [le défoliant utilisé pendant la guerre du Viêtnam] *puissent être éliminés avec le programme de purification. Certains vétérans qui avaient été exposés à l'Agent orange ont rapporté qu'ils ont revécu ses effets pendant qu'ils étaient dans le sauna.*

D'après les résultats observés... Certaines personnes rapportent... Il se peut... Autant d'expressions qui révèlent le caractère empirique du traitement. Et pour cause : jamais aucun travail scientifique n'a réussi à vérifier les affirmations des promoteurs de cette cure.

Vanter ses bienfaits, oui. C'est le cas de la thèse de doctorat en médecine soutenue en 1985 par une scientologue, Isabelle Tzanck. Ou encore celle présentée en 1988 par une autre scientologue, Myriam Roubin, aujourd'hui installée à Aubagne. Point commun de ces travaux de recherche – outre le fait qu'ils aient été tous deux dirigés par le professeur Sapin-Jaloustre et soutenus à l'université Paris-VI –, le recours systématique aux écrits de Ron Hubbard. Un peu faible comme caution. Même si les scientologues font grand cas de ces deux thèses.

Tout le monde sur le pont !

Aussitôt les arrestations connues, la riposte scientologue s'organise. Une avalanche de télégrammes de protestation, souvent identiques, submerge la préfecture et le palais de justice de Marseille tandis qu'un communiqué vengeur accuse magistrat et policiers d'être *le bras armé de certains groupes crypto-psychiatriques proches de l'extrême droite américaine.* Dans le même temps, cinq responsables parisiens s'envolent pour la cité phocéenne et s'installent à l'hôtel Alizé : François Bonnet, Brigitte Demaria, Patricia Forestier, Pascal Parizot et Danièle Gounord, la présidente de l'Église. Les trois premiers, membres d'OSA, sont chargés de mobiliser les troupes et d'organiser des actions de protestation. Parizot, lui, a pour mission de réunir le maximum d'informations sur le juge Carole Sayouz. Objectif : le dépôt d'une requête en suspicion légitime contre le magistrat afin qu'ils soit déchargé du dossier. Quant à Danièle Gounord, elle s'est réservé le « maniement » – pour reprendre la terminologie scientologue – de la presse. Entendez la contre-offensive médiatique. Tâche ardue : les journaux locaux tirent à boulets rouges contre la secte. *Un réseau de charlatans démantelé,* titre *Le Soir. L'arnaque de scientologues,* annonce *Le Provençal. Les laveurs de cerveaux sous les verrous,* écrit *Nice-Matin.*

Mais il en faut plus pour rebuter la belle Danièle Gounord. Blonde, les yeux bleus, on ne lui donne décidément pas ses 49 ans. Avec ça, un tempérament de battante. Fille d'un instituteur laïc vendéen, elle a découvert la scientologie en 1981, peu après son divorce. Un ami lui avait prêté *La Dianétique* de Ron Hubbard, la bible des scientologues. « Une révélation » pour cette kinésithérapeute qui avait d'abord cherché sa voie du côté des médecines douces. Justement, à Angers, sa ville, il y a une Église de scientologie. Elle court s'y inscrire. Bientôt, ses soirées ne suffisent plus à satisfaire sa nouvelle passion. Elle vend son cabinet, sa petite voiture de sport, et se consacre entièrement à l'étude de la doctrine de Ron Hubbard. En un an, elle accomplit l'intégralité du cursus qui mène au premier grade de la hiérarchie scientologue, l'état de « clair ». Un cycle qui demande en général deux ou trois années aux fidèles ordinaires. Prix : 100 000 francs. Cher ? « Oui, répond-elle, mais après tout, des gens se privent bien pour partir en vacances à l'étranger ou acheter une voiture. Et ils ne leur en reste rien. Moi, c'est un investissement pour la vie. » C'est à cette époque qu'elle fait la connaissance de son second époux, Christian Gounord, de vingt ans son cadet. Lui aussi est scientologue. En 1983, ils se marient et s'installent à Paris.

Permanente de l'Église, dont le siège était alors rue de la Montagne-Sainte-Geneviève dans le Ve arrondissement parisien, Danièle Gounord enchaîne les cours et les stages à l'étranger. A Saint-Hill, en Grande-Bretagne, seul centre en Europe habilité à dispenser les grades supérieurs. Puis à Flag, aux États-Unis, le quartier général de la secte. Son enthousiasme est communicatif. Ses deux enfants, Anne (27 ans) et Olivier (21 ans), prennent eux aussi le chemin de l'Église. Ils sont aujourd'hui « auditeurs [1] », autrement dit habilités à dispenser la thérapie scientologue.

En 1989, Danièle Gounord devient présidente de l'Église. Elle est « OT 8 », le niveau ecclésiastique le plus élevé de l'Église.

Christian, OT 8 lui aussi, a ouvert un cabinet d'« audition scientologue » au domicile des deux époux, un grand loft dans le IXe arrondissement. Chaque mois, il reverse 10 % de ses honoraires à l'Église. En tant que « staff » (c'est-à-dire permanente) de l'Église, Danièle touche à peine le SMIC. Mais le couple ne manque pas d'argent. Danièle est à la tête d'une société civile immobilière, la SCI Le pavé haut, installée rue Viollet-le-Duc, à Paris. Christian, lui, dirige la société Profil, également spécialisée dans l'achat et la revente d'immeubles. Rien d'étonnant donc à ce que, régulièrement, on retrouve le nom des époux Gounord sur les listes de donateurs que publie *Impact,* la revue de l'Association internationale des scientologues.

1. Voir chapitre 2, p. 63.

Face aux médias, Danièle Gounord choisit d'attaquer. Le 18 mai, première conférence de presse : « Nous ne cessons de dénoncer l'abus des tranquillisants et nous nous battons contre la toxicomanie. Il n'est pas impossible que nous dérangions un certain nombre de lobbies. » Quant à l'accusation d'exercice illégal de la médecine : « C'est le même procès que l'on peut faire aux ostéopathes et autres exercices paramédicaux. Mais, que je sache, certains milieux médicaux qui pratiquent le paiement au noir sont mieux protégés. J'ai eu à l'évêché un correspondant qui m'a expliqué que des familles bien connues à Marseille sont parmi les adeptes et que ça dérange. »

Le ton est donné. Ce procès sera celui de l'intolérance et des méthodes « inquisitoriales » de la police et de la justice. Une stratégie de rupture dont s'est fait une spécialité le très médiatique Gilbert Collard, l'avocat qui, avec son confrère Alain Lhote, assure la défense des inculpés.

Les manifestations de rue mettront un peu plus de temps à démarrer. Le 5 juin, Patricia et Paul Molina, la sœur et le cousin de Marie-Ange Molina, une des quatre responsables incarcérés, s'enchaînent aux grilles du palais de justice de Marseille et annoncent qu'ils entament une grève de la faim. Le 20, une dizaine de scientologues entreprend de jouer les bourgeois de Calais devant le palais de justice. En robe blanche et les mains liées, ils demandent à être incarcérés. Un des manifestants parviendra à s'introduire dans le bâtiment et fera même le siège du bureau du juge Sayouz avant d'être expulsé par les gardes. Quatre jours plus tard, c'est devant la prison des Baumettes, où sont incarcérés les inculpés, que se manifestent les fidèles de l'Église. Lâcher de ballons, déploiement de banderoles, l'action ne passe pas inaperçue. Le lendemain, retour au palais de justice. Arborant sur la poitrine un triangle jaune, symbole de leur appartenance religieuse et de discrimination, une quinzaine de scientologues demandent à être reçus par le juge. Requête refusée.

A chaque fois, la presse locale rend compte de ces happenings, photos à l'appui. Le ton a changé. A l'animosité du départ a succédé une stricte relation des faits. Qui laisse la part belle aux scientologues. Seules leurs déclarations sont reproduites. Tenus par le secret de l'instruction et l'obligation de réserve, le magistrat et les policier ne peuvent en effet répondre aux procès qui leur sont faits. Julia Migenes peut entrer en scène. Eh oui, la « Carmen » de Francesco Rosi est scientologue. Et depuis longtemps. Robe noire et crinière rousse, la Julia est en colère : « Je suis scandalisée, étonnée et attristée par ce qui se passe à Marseille, lance-t-elle aux journalistes venus l'écouter le 27 juin dans une brasserie du Vieux-Port. Derrière le procès des scientologues se cache le procès d'une liberté de pensée et d'une théorie extraordinaire dont ont bénéficié des milliers de gens comme moi, parmi lesquels de nombreuses célébrités telles que John Travolta ou Chick Corea. Notre société souffre d'un retard culturel énorme vis-à-vis de tout ce qui est moderne. »

Lyon se réveille

A Lyon, le juge Georges Fenech sursaute lorsqu'il apprend les arrestations de Nice et de Marseille. Lui aussi a dans ses tiroirs une plainte contre la scientologie. L'affaire remonte au 24 mars 1988. Ce jour-là, sur le coup de 5 heures du matin, un jeune dessinateur industriel de 35 ans, Patrice Vick, se jette par le fenêtre de son appartement situé au douzième étage. Un suicide ordinaire ? Ce n'est pas l'avis de sa femme, Nelly Vick, puisqu'elle porte aussitôt plainte contre X pour homicide involontaire, escroquerie et exercice illégal de la médecine. Dépressif depuis plusieurs mois, Patrice venait en effet de rejoindre le centre de dianétique de Lyon, une des filiales de l'Église de scientologie. Là, on lui aurait fait absorber gélules sur gélules. Comme celles que retrouveront les policiers sur la table de Patrice, en l'occurrence de l'oxadilène, un vasodilatateur classé au tableau A et délivré uniquement sur ordonnance.

Le juge Georges Fenech décide de relancer l'enquête. Le 26 juin 1990, les policiers du SRPJ de la capitale des Gaules investissent le centre de dianétique de Lyon, rue du Président-Édouard-Herriot. Le trésorier, ainsi que la secrétaire du centre, Alain Barou et Corinne Medallin, tous deux âgés de 25 ans, sont interpellés. Des documents administratifs et comptables sont saisis ainsi que plusieurs « électromètres [1] », ces galvanomètres perfectionnés que les scientologues utilisent au cours de leur formation.

Présentés au juge, Barou et Medallin sont inculpés d'exercice illégal de la médecine et d'escroquerie, et incarcérés. La moisson se révèle moins bonne que prévue. Très vite, Georges Fenech réalise qu'il a affaire non à une poignée d'illuminés, mais à une organisation centralisée et hiérarchisée. Avec une doctrine. S'il veut établir l'escroquerie, c'est le procès de toute la secte qu'il doit faire. Non celui de quelques comparses aisément remplaçables. Pour cela, une seule solution : frapper à la tête. A Paris. Le mercredi 4 juillet, sur le coup de 15 h 30, deux équipes d'inspecteurs du SRPJ de Lyon, assistés de leurs collègues de la direction centrale de la Police judiciaire se présentent presque simultanément au Celebrity Center, rue Legendre, et au siège national de l'Église, rue de Dunkerque. Les persquisitions se prolongeront jusque dans la soirée. A l'issue de celles-ci, les policiers interpellent le président en titre du Celebrity Center, Yves Veau, le responsable des finances de l'Église, Jean-Paul Chapellet, et Danièle Gounord. Placés en garde à vue rue des Saussaies, ils sont transférés à Lyon le dimanche soir et aussitôt inculpés par Georges Fenech de « complicité d'exercice illégal de la médecine et de complicité d'escroquerie ». Veau est remis en liberté sous contrôle judiciaire. Gounord

1. Voir chapitre 2, p. 64.

et Chapellet prennent le chemin des prisons de Montluc et Saint-Paul.

La secte décapitée, le magistrat fonce. Le 6 juillet, c'est au tour du président de l'antenne lyonnaise de l'Église de scientologie, Jean-Jacques Mazier, 47 ans, d'être écroué sous le même chef d'inculpation. La veille, accompagné d'une quinzaine de scientologues et de son avocat, il s'était rendu au palais de justice afin de rencontrer le juge. Mauvais calcul : les policiers l'appréhendent aussitôt. Pour lui, l'addition va être lourde. Aux chefs d'inculpation précédents le juge Georges Fenech ajoute celui d'homicide involontaire.

Comme à Marseille, les policiers s'intéressent aux comptes bancaires des responsables. Et particulièrement à celui qu'a ouvert Mazier à l'Européenne de banque. 1 023 187 francs y ont été déposés en 1988. 617 417 francs en 1989. 171 096 francs en 1990. Certes, Jean-Jacques Mazier dispose d'un petit patrimoine qui lui assure des revenus réguliers. Ce licencié en mathématiques est en effet propriétaire de plusieurs appartements à Lyon et à Nancy, et détient un portefeuille de titres d'une valeur de 500 000 francs. Il possède également des parts dans un centre médical, Régina [1],

1. A la fin novembre 1992, un article de Serge Richard dans *Le Canard enchaîné* (25 novembre 1992) révélera que Mazier n'est autre que l'oncle de l'homme d'affaires lyonnais Pierre Botton, inculpé quelque jours plus tôt d'« abus de biens sociaux, faux et usage de faux en écriture de commerce, de banque ou privés, et banqueroute ». Gendre et directeur de campagne du maire de Lyon, Michel Noir, ce notable influent est accusé d'avoir puisé largement dans les caisses des sociétés de son groupe spécialisé dans l'équipement médico-pharmaceutique pour financer son train de vie. Et notamment les largesses (billets d'avion à destination des tropiques, séjours dans des grands hôtels, déplacements en hélicoptère...) dont il faisait bénéficier un certain nombre de journalistes en vue.

Funeste parenté pour Mazier ? Pas seulement. Pierre Botton est en effet l'actionnaire principal du centre Régina, la société dont le patron des scientologues lyonnais détient des parts. Or, précisément, cette entreprise figure au nombre des sociétés ponctionnées par Botton. Un second article du *Canard enchaîné* (2 décembre 1992) détaillera ainsi un certain nombre de versements litigieux : 450 000 francs avancés à une société installé à Hauteville, dans l'Ain. Mais tout cela ne suffit pas, aux yeux des enquêteurs, à expliquer ces rentrées d'argent qui, curieusement, coïncident avec sa nomination à la tête du centre de dianétique de Lyon...

Le 9 juillet 1990, une septième personne est inculpée par le juge Georges Fenech : Claude Morand, un médecin lyonnais de 33 ans, non scientologue. C'est chez elle que les fidèles venaient chercher le certificat exigé pour les séances de sauna. La jeune femme est laissée en liberté sous contrôle judiciaire avec interdiction d'exercer la médecine.

La scientologie tremble sur ses bases. Certes, les scientologues ne sont pas restés inactifs. A l'exemple de leurs amis marseillais, ils ont multiplié les actions de protestation.

Le 17 juillet, Alain Barou et Corinne Medallin, deux des inculpés lyonnais que le juge Fenech a remis en liberté quelques jours plus tôt, tiennent une conférence de presse. En complète violation du contrôle judiciaire auquel ils sont soumis... Medallin accuse Fenech de l'avoir arbitrairement incarcérée afin de faire pression sur ses amis. Barou, lui, s'en prend aux policiers : ils l'auraient « humilié » et frappé. La presse n'en croit mot.

Le 20 juillet, cinq cents fidèles se réunissent à huis clos dans la salle bleue du palais des Congrès (louée 28 000 francs). Objectif : le lancement de la « croisade pour la liberté de religion ». Flag, le quartier général de la secte, installé à Clearwater, en Floride, a dépêché un de ses meilleurs spécialistes : Andrick Shappers, un scientologue néerlandais qui est spécialement revenu du Mexique pour l'opération. Malgré ses efforts, ils ne seront que trois cents, deux jours plus tard, à défiler place Bellecour, à Lyon. Moins qu'à

immobilière du groupe Botton, 2 470 000 francs à une menuiserie elle aussi propriété de l'homme d'affaires pour des travaux d'aménagement de la clinique... Sans oublier une facture de 1 079 000 francs rien que pour les « rencontres et les relations publiques ».

Mais sans doute Jean-Jacques Mazier n'était-il au courant de rien. Il aura été victime de son esprit de famille...

Paris. Et ce en dépit du renfort des Églises anglaise, suisse, autrichienne, belge et allemande. Apparemment, certains adeptes ont jugé plus prudent de ne pas afficher publiquement leurs convictions... Mais, nullement impressionné par ces démonstrations, le juge Georges Fenech demeure inflexible. Désormais, rien ne semble plus pouvoir stopper l'offensive de la justice. Rien... Sauf OSA !

L'Organisation des affaires spéciales

OSA occupe une place à part dans l'Église. Ce département possède ses propres structures et ne rend de comptes qu'à la direction internationale de l'Église. Dans chaque pays où est implantée la secte, il dispose d'une antenne : les Desk of Special Affairs (DSA). Tous sont reliés par fax et modem (ce système qui permet à deux ordinateurs de communiquer entre eux en temps réel) au quartier général, OSA International, installé au 4751 Fountain Avenue à Los Angeles. C'est par ce canal qu'ils rendent compte de leur activité et reçoivent leurs ordres.

Comme les autres DSA, le Bureau des affaires spéciales français dispose de locaux indépendants à l'intérieur de l'Église. Deux pièces toujours fermées à clé, au troisième étage du 65 rue de Dunkerque, dont l'accès est strictement interdit aux simples fidèles. Une ligne téléphonique particulière, relie directement les six ordinateurs qui équipent le local à Los Angeles.

Composé d'une vingtaine d'agents, pour la plupart permanents de l'Église, le DSA France est divisé en cinq sections : Relations extérieures (contacts avec des non-scientologues), Investigations, PR (en français : relations publiques, autrement dit les actions de propagande de la secte), Travail juridique et CCHR (Commission des citoyens pour les droits de l'homme). Deux antennes régionales, à Marseille et à Lyon, complètent la structure.

Voici une partie de l'organigramme de ce service de l'ombre tel que nous avons pu le reconstituer d'après deux rapports d'OSA France des 8 et 10 juillet 1990 :

CHEF DU DSA FRANCE

Jean-Paul Chapellet

RELATIONS EXTÉRIEURES

Odile Réveillère

INVESTIGATIONS

Pascal Parizot

PR

François Bonnet (IC [In charge, c'est-à-dire responsable de la section])
Eva Lefèvre (planning des opérations de propagande)
François Bonnet (maniement de la presse, radio, croisade)
Brigitte Demaria

TRAVAIL JURIDIQUE

Bernard Forestier (In Charge)
Christine Weightman (maniement du dossier Paris)
François Jachman (Officier de l'organisation chargé du maniement des dossiers)
Ludo Vich (enquêteur : recherche de textes de loi et de preuves)
Gérard Mercier (enquêteur : recherche de textes de loi et de preuves)

CCHR

Patricia Forestier

UNITÉ DE LYON

Marie-Annick Bidenne

UNITÉ DE MARSEILLE

Isabelle Acher
Patricia Molina

La section Investigations est incontestablement la plus secrète et la plus puissante. Elle s'occupe en effet du travail clandestin : infiltration, renseignement et manipulation. Pour l'accomplissement de sa mission, elle peut mobiliser tout scientologue, qu'il soit ou non membre d'OSA. Son chef n'est autre que Pascal Parizot, celui qui a réussi à passer à travers les mailles du filet lors de la descente de police rue de Dunkerque. Ses adjoints nous demeurent en revanche inconnus.

Quant au chef du DSA, Jean-Paul Chapellet, le juge Fenech l'a fait arrêter. Mais voilà, celui-ci s'est bien gardé de préciser au magistrat la nature exacte de ses responsabilités au sein de l'Église. Ainsi, pendant un mois – le temps que durera son incarcération –, la police et la justice auront sous la main le numéro un des barbouzes de la scientologie et n'en sauront rien ! Elles croiront simplement tenir le responsable des finances, puisque c'est ainsi que Chapellet s'est présenté. Un mensonge qui contient cependant une part de vérité. Toute dépense engagée par l'Église doit en effet recevoir au préalable l'approbation du Bureau des affaires spéciales...

Seule consolation pour les enquêteurs, Jean-Paul Chapellet n'aurait pu leur livrer que des informations parcellaires. Règles de sécurité oblige, le DSA est soigneusement cloisonné. Le chef du DSA ignorait les détails des actions menées par la section Investigations.

Chapellet incarcéré, Parizot prend le relais. Pour l'assister, OSA a dépêché à Paris un de ses agents, une Allemande installée aux États-Unis : Edith. Une femme de l'ombre, puisque même les scientologues français ne la connaîtront que sous ce seul prénom.

C'est elle qui, chaque soir, rédige les rapports qui sont envoyés à Los Angeles. Des rapports très confidentiels puisqu'ils sont adressés à la plus haute autorité d'OSA, le Chief-Officer. Une précaution justifiée. La plupart de ces documents détaillent point par point les opérations engagées par le DSA. Et quelles opérations ! De l'espionnage pur et simple. De haut niveau.

L'honorable correspondant du ministère de la Culture

Les agents du DSA ont en effet réussi à glisser dans les jambes du chef de cabinet du ministre de l'Intérieur, Chantal Jourdan, un « honorable correspondant ». Son nom ? Alain Brunet. Sa fonction à l'époque ? Conseiller technique du ministre de la Culture. Un collaborateur apprécié et écouté, puisque ce trompettiste de jazz chevronné – qui cultive avec application son étonnante ressemblance physique avec son patron, Jack Lang – a été promu en avril 1992 au rang de chef de cabinet du ministre – qui entre-temps venait de se voir adjoindre l'Éducation nationale. Là encore, Alain Brunet n'a pas démérité, puisque Jack Lang, dans la perspective d'un changement de majorité en mars 1993, l'a nommé inspecteur général de l'Éducation nationale à la mi-octobre 1992.

Le rapport que rédige Edith le 20 juillet 1990 rend compte de son activité en ces termes : *Alain Brunet, du ministère de la Culture, qu'Eva a vu hier, a rappelé. Il dit qu'il obtiendra du chef de cabinet du ministre de l'Intérieur des informations sur la situation d'ici lundi. Il les transmettra à Eva.* Eva, c'est Eva Lefèvre, une des responsables de la section PR du DSA. L'officier traitant de la taupe.

Brunet est-il scientologue ? A première vue, il semble que la réponse soit négative. Son nom n'apparaît sur aucune des listes de passage de grades que publie régulièrement l'Église dans ses bulletins et revues. Mais s'agissant d'une recrue aussi précieuse, on peut aussi supposer que les dirigeants de la secte aient préféré préserver son anonymat.

C'est en 1987 que Brunet a fait la connaissance de Chantal Jourdan. A l'époque, elle était directeur de cabinet du préfet des Pyrénées-Orientales. Lui venait d'être nommé sous-préfet à Céret, un des chefs-lieux du département. Proches tous deux du Parti socialiste, ils avaient rapidement sympathisé. Leurs carrières respectives les ont ensuite séparés. En janvier 1988, en pleine cohabitation, Chantal Jourdan rejoint Château-Chinon, ville chère au cœur de François Mitterrand, pour y occuper les fonctions de sous-préfet. Quelqu'un, à l'Élysée, s'est souvenu qu'elle a été une collaboratrice dévouée lors de son passage au ministère de l'Intérieur dans les cabinets de Gaston Deferre puis de Pierre Joxe.

En février 1989, revenu aux affaires, ce dernier la rappelle et la nomme chef de son cabinet. Un poste où l'on voit passer beaucoup de dossiers « sensibles ». Surtout lorsqu'on a, comme Chantal Jourdan, la confiance de son patron. A Paris, elle découvre qu'elle n'est pas la seule à être montée en grade. Alain Brunet a fait du chemin depuis Céret : il est maintenant conseiller technique dans le cabinet de Jack Lang. On se téléphone, on se revoit, on parle politique et on échange des confidences. Comme tous les collaborateurs de ministre chaque fois qu'ils se rencontrent.

Brunet a-t-il réussi à obtenir des renseignements à la faveur de ces entretiens ? Pour Chantal Jourdan, la réponse est non. La collaboratrice de Pierre Joxe assure qu'il n'a jamais été question de l'Église de scientologie au cours de ces contacts – qui se seraient limités, selon elle, à deux ou trois entrevues et quelques entretiens téléphoniques. Seuls des dossiers concernant la ville de Blois, la circonscription de Jack Lang, auraient été évoqués.

Notre agent à l'Élysée

Brunet n'est pas la seule taupe des scientologues. En parcourant les rapports d'Edith, on découvre que le DSA dispose d'un autre agent au sein de l'appareil d'État. Un agent si secret qu'il n'est désigné que par son nom de code : F 10. Au terme de ses recherches, l'auteur de ce livre pense être parvenu à l'identifier. Mais il n'a pu établir formellement que F 10 et l'individu auquel il songe sont une seule et même personne. Nous nous en tiendrons donc à son nom de code.

Disons simplement que F 10 évolue dans les premiers cercles du pouvoir. C'est un familier des palais de la République. Rusé et influent. Et qui a ses entrées partout... C'est lui qui est derrière le formidable coup de théâtre qui se produit le 24 juillet 1990 devant la chambre d'accusation de la cour d'appel de Lyon. Les magistrats doivent ce jour-là se prononcer sur le maintien en détention de Danièle Gounord, Jean-Paul Chapellet et Jean-Jacques Mazier. Après avoir déposé des réquisitions écrites réclamant la poursuite de l'incarcération des inculpés, conformément aux instructions qu'il a reçues du ministère de la Justice, le procureur François Coste demande à user de sa « liberté de parole ». Une procédure qui, sans être exceptionnelle, est néanmoins peu courante. Le magistrat se lance aussitôt dans un violent réquisitoire contre... le juge Georges Fenech, à la stupéfaction des avocats des parties civiles (des anciens adeptes et une association antisecte). Les défenseurs des inculpés se frottent les mains. Il n'y a rien dans le dossier, explique en substance l'avocat général alors que les conclusions qu'il vient de déposer soutiennent exactement le contraire. Le suicide de Patrice Vick? Aucune relation avec sa fréquentation de la secte. Le prix exorbitant de l'électromètre, vendu plus de vingt fois son prix de revient? Insuffisant pour démontrer qu'il y a eu escroquerie. Bref, il faut remettre en liberté les trois dirigeants scientologues.

La cour va-t-elle se laisser convaincre? Oui. Le lendemain, elle rend sa décision : les inculpés sont libres.

Un désaveu cinglant pour le juge Georges Fenech. Lourd de conséquences. Certes, les trois scientologues restent sous le coup des inculpations prononcées par le magistrat lyonnais. Mais le message de la chambre d'accusation est clair : Fenech doit en rester là. Plus question de foncer. Et encore moins de démanteler la secte. Un enterrement de première classe. L'Église de scientologie est sauvée.

F 10 a réussi son coup. Une manipulation incroyable d'audace et de sang-froid. Pour contrer Fenech et le ministère de la Justice, F 10 s'est en effet appuyé sur la plus haute autorité de l'État : la présidence de la République ! C'est l'Élysée qui, à l'insu du ministère de la Justice – et contre l'avis de ce dernier –, est intervenu auprès du procureur Coste pour qu'il convainque la chambre d'accusation de relâcher les scientologues incarcérés.

Une opération dont Edith retrace le déroulement dans le long rapport rédigé le 8 juillet. Le document mérite qu'on s'y attarde tant il en apprend sur le fonctionnement et l'importance du réseau mis en place par le DSA.

L'envoyée d'OSA International commence par dresser un tableau de la situation. Une commission rogatoire nationale vient d'être délivrée par le juge Fenech. Confirmation vient de lui en être donnée par un des avocats de l'Église, Mourad Oussedik. Comment a-t-il eu ce renseignement? Par la police... *Ouss a ses contacts,* écrit Edith. *Il a un contact dans la police et il peut obtenir des informations.*

L'agent américain était déjà au courant de l'existence de cette commission rogatoire : *F 1, F 10 et l'ADFI* lui avaient rapporté l'information. F 10, nous l'avons déjà renconté. F 1 ? Un nom de code qui désigne encore une fois un agent du DSA. Bien qu'il apparaisse dans plusieurs rapports, il a été impossible à l'auteur de le situer, et encore moins de l'identifier.

Plus surprenante est la troisième source dont Edith fait état : l'ADFI [1]. L'Association de défense des familles et de l'individu, une des deux organisations antisectes avec le Comité contre les manipulations mentales (CCMM [2]), est en effet la bête noire de la scientologie. Agréée par le secrétariat d'État à la Jeunesse et aux Sports, l'ADFI entretient des relations officielles et régulières avec la justice et la police.

Seule une taupe infiltrée au sein de l'Association a pu transmettre l'information. L'ADFI ouvre volontiers sa porte à tous ceux qui viennent lui demander conseil. Il n'aura pas été trop difficile à un envoyé de la secte de se faire passer pour un disciple en rupture d'Église et de traîner dans les locaux, oreilles grandes ouvertes.

L'envoyée d'OSA International évoque ensuite l'action du ministère de l'Intérieur. Des consignes ont été données aux préfets pour qu'ils signalent aux parquets de leur département toute affaire liée à l'Église de scientologie pouvant faire l'objet d'une instruction.

Ce renseignement avait été transmis à OSA International par Pascal Parizot peu avant l'arrivée d'Edith à Paris. L'agent de Los Angeles aurait donc dû en avoir connaissance. Mais, apparemment, l'information a mal circulé : Edith n'était pas au courant. Un dysfonctionnement qui irrite la très disciplinée missionnaire : *J'en ai royalement plein le dos du service Investigations d'OSA International*

1. ADFI, 10, rue du Père-Julien-Dhuit, Paris XXe.
2. CCMM, 19, rue Turgot, Paris, IXe.

[...]. *Quelqu'un aurait pu avoir la courtoisie de me mettre au courant quand j'ai demandé aux gars du service ce qu'ils avaient sur la France* [...]. *Je ne savais pas que les instructions reçues par les parquets venaient à la fois de la Justice et de l'Intérieur* [...]. *J'ai posé la question trois fois : Y a-t-il des implications politiques ? On m'a répondu non.* [...] *Cet élément change complètement la nature de l'attaque. Il ne s'agit plus simplement d'un cinglé de juge d'instruction à Lyon.*

Edith ne se trompe pas. Après les arrestations de Marseille, le ministère de la Justice a décidé de prendre le train en marche et de lancer une grande offensive contre la secte. Un réveil auquel n'est pas étranger l'important écho médiatique suscité par l'action du magistrat phocéen. Avertie des intentions du juge Georges Fenech, la place Vendôme a donné des instructions aux parquets afin qu'ils exhument tous les dossiers concernant la scientologie. Le résultat ne se fait pas attendre. A Besançon, le 28 juin, le jour même de la descente des policiers contre les locaux lyonnais de l'Église, le premier juge d'instruction inculpe d'escroquerie un médecin scientologue de Saint-Vit, Joseph Hélou. Le bon docteur avait la fâcheuse habitude d'orienter ses patients vers l'Église de scientologie. Curieusement les plaintes – certaines fort anciennes – étaient restées jusqu'alors en souffrance sur le bureau du magistrat...

Pour les scientologues, cette intervention directe des ministères de la Justice et de l'Intérieur complique la situation. *Le plus grand échec, dans cette affaire,* écrit Edith, *est que nous n'avons pas réussi à localiser qui a décidé, et quand, de transformer ces attaques en offensive générale, faisant ainsi des juges de simples pions sur l'échiquier.*

L'envoyée de Los Angeles a donc pris des mesures : *P.P.* [Pascal Parizot] *a reçu des instructions pour se secouer et obtenir des précisions. Je vois F 10 très tôt demain matin pour terminer de mettre au point les actions OT 11 et faire qu'il réussisse cette opération.*

« Le mémoire a été transmis au Président ! »

Les actions OT 11... Encore un code – OT signifie *Operating Target* (« cible opérationnelle », en français) – qui désigne cette fois le détail de la manipulation à laquelle s'est livré F 10. Un paragraphe intitulé « Maniement » nous en apprend plus sur la nature de ces actions. Il débute par cette phrase : *Comme je l'ai indiqué dans mes rapports d'hier, le mémoire a été transmis au Président* [1].

Le Président ? Il s'agit de François Mitterrand. Par l'intermédiaire de F 10, les scientologues ont fait parvenir un mémoire au chef de l'État. Que contient-il ? Nous en ignorons la lettre. La teneur en revanche nous est connue. Point de départ de la démonstration, la personnalité du juge Fenech. Le magistrat est en effet un des responsables de l'Association professionnelle des magistrats (APM), une organisation très à droite qui regroupe près de 15 p. 100 des juges et procureurs. Violemment opposée à la politique du gouvernement et à la personne du président de la République – à qui elle reproche notamment d'avoir gracié Roger Knobelpiess et Anis Naccache –, l'APM s'est fait remarquer par ses déclarations incendiaires lors des différentes « affaires » qui ont émaillé le mandat de François Mitterrand. Attitude qui lui vaut depuis 1981 de voir la promotion de certains de ses adhérents quelque peu retardée. Et son assemblée annuelle régulièrement boudée par les différents gardes des Sceaux socialistes...

Autant dire que, pour les scientologues, l'engagement syndical du juge Georges Fenech est pain bénit. Ils sont vic-

1. Rapport d'Edith à OSA International, 8 juillet 1990.

times d'un magistrat liberticide qui a décidé de construire sa carrière sur le dossier de l'Église de scientologie, voilà tout. Il n'y a pas d'autre explication à son acharnement. La conclusion s'impose d'elle-même : le pouvoir socialiste, « défenseur des libertés », peut-il décemment laisser ce magistrat « réactionnaire » – en fait, il est proche de Raymond Barre – continuer son entreprise ? Bien évidemment, non. D'autant que l'Élysée – les scientologues et F 10 le savent pertinemment – a Fenech dans le collimateur. Le contentieux remonte à 1987, en pleine cohabitation. Le magistrat lyonnais instruisait alors le dossier Radio-Nostalgie, une station privée créée en 1982. Une affaire qui, au départ, semblait se limiter à un simple abus de biens sociaux. Les dirigeants de la radio menaient la grande vie avec l'argent de la société. Le 20 novembre 1987, coup de théâtre. En perquisitionnant les locaux de Radio-Nostalgie, les policiers mettent la main sur un lot de fausses factures prouvant que Charles Hernu, l'ancien ministre de la Défense de François Mitterrand, et la fédération du Rhône du Parti socialiste ont bénéficié de financements occultes lors de la campagne électorale des législatives de mars 1986. Le soir même, Fenech demande au procureur un « réquisitoire supplétif » afin de poursuivre son instruction dans cette nouvelle direction.

La réponse tombe deux heures plus tard : c'est non ! On ne veut pas que Fenech mette son nez dans les finances du PS. Afin d'éviter d'être accusé d'avoir voulu étouffer le dossier – ce qui est le cas –, le parquet charge la Police judiciaire d'une « enquête préliminaire ». Une procédure beaucoup plus lente qui permet au procureur de contrôler directement les investigations. Déjà, plusieurs ténors du PS sont montés au créneau pour protester contre l'inculpation par Fenech de certains de leurs amis, dont Yvon Deschamps, le secrétaire de la fédération socialiste du Rhône.

La droite, qui est pourtant aux affaires, ne bronche pas.

Elle craint en effet qu'une inculpation de Charles Hernu, déjà impliqué dans l'affaire Luchaire – un trafic d'armes à destination de l'Iran – ne déclenche un processus de règlements de comptes via la justice. Les socialistes ne sont pas les seuls à avoir eu recours aux fausses factures... L'affaire traînera en longueur jusqu'à l'amnistie du 20 juillet 1988. En 1989, le doyen des juges d'instruction de Lyon, Jacques Hamy, rendra un non-lieu, enterrant définitivement les fausses factures du PS lyonnais.

Fenech est donc l'homme à abattre, juridiquement s'entend. Cependant, lui retirer le dossier de l'Église de scientologie provoquerait un émoi certain, non seulement au sein de l'APM, mais encore parmi les organisations anti-sectes. Sans compter qu'au ministère de la Justice, où on a décidé d'accompagner l'offensive des juges, on comprendrait mal pareille décision. Il faut donc procéder autrement. Par bande. En coulisses. Pour transmettre ses instructions aux parquets, le ministère de la Justice passe par la direction des Affaires criminelles. C'est donc à ce niveau qu'il faut intervenir. L'interlocuteur élyséen de F 10 va s'en charger. Un interlocuteur dont, au passage, on apprend le nom de code 8 CED. F 10, écrit Edith, *va maintenant utiliser ses contacts personnels et obtenir, à travers 8 CED :*

> – *les réunions tenues* [Il s'agit du compte-rendu des réunions que le cabinet du garde des Sceaux a consacré à la scientologie] *;*
>
> – *les instructions données par le ministère de la Justice via la direction des Affaires criminelles afin de revenir sur leur application par les parquets et donner à ces derniers consigne de laisser tomber et de calmer tout ça.* [...]
>
> *Le ministère de la Justice est souvent court-circuité par le président dont les ordres vont directement à la direction des Affaires criminelles qui est au-dessus des parquets. C'est une ligne directe qui maintenant travaille pour nous.*

Le plan est clair. Dans un premier temps, 8 CED va se procurer les instructions de la place Vendôme. Une fois qu'il les aura, il donnera à la direction des Affaires criminelles d'autres consignes. Des consignes de modération. Discrètes, mais efficaces, puisque les magistrats de la chambre d'accusation de la cour d'appel de Lyon et le procureur François Coste les ont suivies à la lettre. C'est ici que se produit le fameux « court-circuit », pour reprendre l'expression d'Edith.

La manœuvre va prendre près de deux semaines pour se mettre en place. Deux semaines au cours desquelles F 10 va rencontrer, outre 8 CED, plusieurs membres du cabinet du président de la République. Entretiens dont la scrupuleuse Edith rend compte dans ses télex à OSA International.

Rapport du 10 juillet 1990 : *Une lettre personnelle a été reçue par le terminal. Il aura une réponse demain matin à 10 heures de l'assistant direct de M. F 10 a rendez-vous avec l'assistant à 10 heures pour examiner les instructions que cette dernière aura reçues d'ici là et leur mise en œuvre. Il est très confiant sur le déroulement de cette opération. Il vient se faire débriefer demain au déjeuner pour voir où nous en sommes.*

Le terminal, c'est F 10. M désigne François Mitterrand. « L'assistant direct » attend des instructions. Mais avant de se prononcer, le président de la République veut en savoir davantage sur cette affaire. Un complément d'information va être demandé au chargé de mission élyséen pour les questions de justice : Paule Dayan. Un conseiller en qui François Mitterrand a toute confiance : Paule Dayan est en effet la fille de Georges Dayan [1], qui fut certainement son plus proche ami.

C'est avec elle que F 10 va désormais traiter. La décision finale restant bien sûr du seul ressort du Président. Le

1. Georges Dayan est décédé en 1979. François Mitterrand et lui se sont connus à l'époque où tous deux étaient étudiants.

20 juillet 1990, F 10 touche enfin au but. *F 10 est de retour et s'est entretenu avec Dayan, le conseiller privé de Mitterrand pour la justice,* écrit Edith dans son rapport à OSA International. *Le message est : Ça va être OK, le feu vert a été donné. Il n'a pas voulu en dire plus par téléphone. Je le vois demain à 10 h 30 pour le préparer complètement. Il veut être encore préparé étant donné qu'il a rendez-vous lundi matin à l'Élysée. Je serai à la réunion demain matin. Il dit qu'il s'est remis en mémoire tous les détails, qu'il a lu tous les journaux et qu'il veut revoir les actions médiatiques.*

Cette fois, c'est gagné *(Ça va être OK, le feu vert a été donné).* F 10 a convaincu Paule Dayan et le président de la République de « corriger » les élans de la justice. Cinq jours plus tard, la chambre d'accusation de la cour d'appel de Lyon remet en liberté Danièle Gounord, Jean-Paul Chapellet et Jean-Jacques Mazier...

Avant de poursuivre, ajoutons une remarque à propos de F 10. Le voile qui plane sur son identité peut être aisément levé. Il suffit en effet aux services de l'Élysée de rechercher sur la main courante du poste de garde du palais présidentiel le nom du visiteur qui s'est présenté le mercredi 11 juillet 1990 à 10 heures (puisque, selon les rapports d'OSA France, c'est ce jour-là, à cette heure précise, que F 10 a rencontré l'« assistant direct » de François Mitterrand) puis est revenu le lundi 23 juillet dans la matinée (date à laquelle, selon Edith, F 10 devait se rendre à l'Élysée). Ils ne sont certainement pas nombreux à être dans ce cas. Si besoin, un recoupement avec l'agenda de Paule Dayan permettrait d'éliminer tout risque de confusion...

Feu sur les juges

La riposte de la secte ne s'est pas arrêtée là. Comme nous l'apprend une directive exécutive en date du 20 juillet 1990 d'OSA International intitulée « Programme de maniement des investigations en France », l'Église a essayé d'obtenir que Fenech, mais aussi Carole Sayouz, le magistrat instructeur de Marseille, soient dessaisis des dossiers concernant la scientologie.

Le point numéro 5 des instructions (dénommées *Operating Targets*, c'est-à-dire « cibles opérationnelles ») concernant les inculpations de Marseille prescrit en effet les démarches suivantes : *En vous fondant sur les irrégularités relevées dans le dossier d'instruction – y compris le fait que les plaintes des PC* [abréviation qui signifie Préclair, le premier degré du cursus scientologue. OSA International fait ici référence aux plaintes déposées par les membres de la secte contre la police pour abus de pouvoir, conformément à la consigne qui leur avait été donnée] *et autres lettres envoyées par des scientologues n'ont pas été jointes au dossier – et sur tous les éléments démontrant la partialité du juge* [Carole Sayouz], *demandez le transfert du dossier d'instruction dans une autre juridiction. Faites-le par le biais de la Cour suprême* [instance qui n'existe pas en droit français. OSA International veut sans doute parle de la Cour de cassation] *en utilisant l'appui de F 10.*

A Lyon, c'est à d'autres alliés que la scientologie a fait appel. Le point 9 de la partie du document consacrée à l'instruction menée par le juge Georges Fenech ordonne de demander *à l'avocat Lussan de rencontrer le substitut du procureur de la République de Lyon et de le convaincre de transmettre le dossier à un autre juge d'instruction.*

Le Lussan en question n'est autre que l'avocat Claude Lussan, ancien bâtonnier du barreau de Paris, ancien président de l'Union internationale des avocats président de l'Union nationale des caisses de règlements pécuniaires (CARPA), et administrateur de la Fondation nationale des sciences politiques. Est-ce uniquement en tant que défenseur rémunéré que les scientologues font appel à cette figure du barreau ? Claude Lussan n'est pas constitué dans les procédures de Lyon mais, avocat de l'Église dans les procédures qu'elle a engagée contre Interpol – une de ses bêtes noires –, il est ici sollicité en tant qu'« appui potentiel ». Il fait en effet partie de ce que les scientologues appellent dans leur jargon les Target Defence [1]. Des relais d'opinion soigneusement recensés sur des listes régulièrement remises à jour par OSA France avant d'être transmises à OSA International. L'une d'entre elles – sur laquelle nous reviendrons plus loin [2], en date du 10 mai 1988, est en notre possession. Claude Lussan y figure à la rubrique « Juristes ».

L'avocat, conformément aux instructions de Los Angeles, a bien rencontré le procureur de la République de Lyon. Un télex d'Edith envoyé le 20 juillet (soit le soir même de la diffusion de la directive exécutive d'OSA International) rend compte du rendez-vous : *Je me suis entretenu plusieurs heures avec Lussan après son entrevue avec le procureur de la République de Lyon* [François Coste qui, à titre personnel, demandera la remise en liberté des scientologues inculpés par Fenech...]. *Je vous envoie le compte-rendu du debriefing. Claude Lussan voulait absolument avoir les dernières décisions et expertises concernant l'ensemble des dossiers et les exploiter pour rédiger un mémoire. En outre, Lussan et moi avons arrangé un rendez-vous avec un reporter du* Monde. *Cela nous aidera aussi.*

Le quotidien de la rue Falguière semble exercer une véritable fascination sur les scientologues. Le point OT 27 (cible opérationnelle numéro 27) du programme de maniement des

1. Voir chapitre 5, p. 172.
2. Voir chapitre 5, p. 174.

investigations enjoint en effet aux agents d'OSA France d'*obtenir des professeurs de droit Georges Levasseur et Jacques Robert qu'ils écrivent un article dans le quotidien* Le Monde *démontrant qu'il n'y a rien dans le dossier.* Georges Levasseur enseigne à l'université Paris-I. C'est un des juristes les plus renommés de notre pays. Jacques Robert, ancien président de l'université Paris-II, est, lui, rien moins que membre du Conseil constitutionnel. Bref, deux maîtres respectés. On imagine mal que ces sommités attachées à l'indépendance de la justice, dont l'une, de surcroît, est chargé de veiller à la conformité des lois, puissent envisager un instant de désavouer publiquement un magistrat instructeur. Les scientologues se berceraient-ils d'illusions en faisant appel à eux ? Pas du tout. Car Levasseur et Robert font eux aussi partie des Target Defence de la scientologie. Leurs noms apparaissent à côté de celui de Claude Lussan sur la liste d'« appuis potentiels » que nous avons évoquée un peu plus haut...

L'engagement de Jacques Robert en faveur de la secte remonte à 1979, lorsque celle-ci a pris contact avec lui pour une consultation judiciaire. Le professeur a visiblement été séduit par les arguments de l'Église : *Il résulte de l'examen de la religion scientologique,* écrit-il dans sa consultation, *que celle-ci répond aux critères d'une religion ; elle ne se distingue en rien des autres religions et, par conséquent, l'appellation de religion est, pour elle, fondée* [...]. *Le régime juridique applicable aux autres religions doit bénéficier également à la religion scientologique. Plus particulièrement, une religion dont le culte et l'enseignement sont connus et accessibles à tous et qui n'est pas contraire à l'ordre public doit pleinement jouir de son autonomie et d'une immunité institutionnelle.* [...] *La laïcité, c'est la neutralité en matière religieuse et, par conséquent, l'égalité pour toutes les religions. Si, au contraire, la religion scientologique faisait l'objet d'une discrimination défavorable de la part des autorités publiques, cette inégalité de traitement serait non seulement illégale, mais aussi anticonstitutionnelle.*

En janvier 1985, nouvelle consultation : *L'Église de scientologie constitue bien un culte, tant au point de vue de la loi du 9 décembre 1905, que la loi n° 78-4 du 2 janvier 1978* [1].

Décidément peu avare de son temps et de sa peine, Jacques Robert reprend la plume un an plus tard pour une troisième consultation : *Si l'incrimination visée par l'article 405 du Code pénal* [qui réprime le délit d'escroquerie] *était appliquée à l'Église de scientologie, elle pourrait et devrait l'être à toutes les Églises, car toute Église a pour vocation première d'apporter l'espoir à ses adeptes et, dans cet espoir entre toutes, une série d'assurances prometteuses pour l'avenir, assurances par nature incertaines et dans tous les cas « scientifiquement invérifiables ». Et comme, par ailleurs, il faut bien que chaque Église nourrisse ses ministres, la nécessité de quêtes, d'apports de dons, de cotisations, de subventions, de rémunérations, de prestations apparaît évidente. C'est pourquoi il est radicalement impossible d'utiliser l'article 405 en matière religieuse* [2].

On l'a compris, l'essentiel de l'argumentation repose sur l'impossibilité de distinguer une religion d'une secte. Constat que nous partageons. Du strict point de vue laïque et républicain, les options philosophiques des scientologues sont aussi recevables que celles des catholiques, des musulmans ou des bouddhistes. En clair, chacun est libre de ses convictions.

Mais Jacques Robert se trompe de débat. Ce ne sont pas les croyances des scientologues qui sont en cause, mais les agissements pour lesquels ils ont été poursuivis : exercice illégal de la médecine, escroquerie... La scientologie en tant qu'organisation n'a jamais été frappée d'une quelconque

1. Jacques Robert, consultation du 5 janvier 1985.
2. Jacques Robert, consultation du 15 janvier 1986.

mesure d'interdiction. Nulle chasse aux sorcières, donc. Jacques Robert s'est fait manipuler.

Dans un droit de réponse adressé au quotidien *Le Monde* et publié le 15 mai 1992, Jacques Robert écrit : [...] *Votre collaborateur Henri Tincq affirme que je « milite depuis longtemps pour la reconnaissance de la scientologie comme religion à part entière ». Une telle affirmation pourrait laisser croire à vos lecteurs que je suis un adepte ou un fidèle de cette Église, ce qui n'est – chacun le sait – aucunement le cas. Protestant pratiquant, ma foi religieuse me suffit. Mais la profondeur de mes convictions personnelles s'accompagne de la tolérance de celles des autres dans la mesure où ces dernières respectent les lois républicaines qui s'imposent à tous.*

Position que nous approuvons. Encore faudrait-il que l'Église de scientologie respecte les lois républicaines. Rappelons que ce droit de réponse a été rédigé *après* les inculpations du printemps 1990. Certes, tout accusé est présumé innocent. Mais que trois juges d'instruction différents poursuivent l'Église pour les mêmes chefs aurait pu inciter le professeur à s'interroger sur les pratiques des scientologues. Cette cécité intellectuelle devient particulièrement inquiétante lorsqu'on lit la deuxième partie de l'instruction OT 27. Elle commande aux scientologues français d'obtenir de Robert et Georges Levasseur *qu'ils entreprennent toute intervention que nous pouvons définir avec eux pour que le dossier soit classé.* En clair, il leur est confié la même mission qu'à l'agent F 10 : court-circuiter la justice.

Nous ignorons comment ont répondu les deux juristes à ces sollicitations. Aucun article de Robert et de Levasseur n'a paru dans *Le Monde.* Quant à d'éventuelles interventions de leur part afin d'obtenir le classement du dossier lyonnais, nous n'en avons pas retrouvé la trace.

Mais elles ne sont pas à exclure. Entendu par le juge Fenech dans le cadre de l'instruction, Jacques Robert a débuté l'entretien par cette singulière formule : « Vous savez, monsieur le juge, le président de la République est personnellement très attaché aux libertés religieuses. » Allusion à un entretien qu'aurait eu Jacques Robert avec François Mitterrand sur les déboires judiciaires de la scientologie, ou simple bluff ? L'interrogation reste ouverte. Surtout après la remise en liberté de Danièle Gounord et de ses coïnculpés.

Intimidation et chantage

De la pression à l'intimidation, il n'y a qu'un pas qu'OSA International franchit sans états d'âme. L'instruction OT 11 enjoint aux agents français d'OSA d'*obtenir qu'Ouss Zavrian, et BB* [Mourad Oussedik, Michel Zavrian et Brigitte Bouvier, les avocats de l'Église] *rencontrent le juge et lui fassent fermement comprendre qu'il ne va pas gagner cette guerre.*

Les scientologues utilisent en effet toutes leurs armes. Un télex d'Edith du 20 juillet 1990 nous apprend ainsi que les scientologues ont tenté d'aller plaider leur cause directement auprès de François Mitterrand. Mission confiée à Julia Migenes, ambassadrice dont l'exaltation est au moins aussi grande que le charme. Hélas ! l'entrevue n'a pas été possible. *La rencontre avec Mitterrand ne marche pas,* écrit Edith. *Julia a parlé à deux reprises à la secrétaire. L'agenda du Président est complet jusqu'à mardi prochain pour les audiences privées. Donc, il ne peut pas la rencontrer avant la semaine prochaine. La secrétaire continue de chercher une date. Si Julia obtient un rendez-vous, elle reviendra spécialement des États-Unis pour cet entretien. C'est ce qui a été convenu.*

Les scientologues ont également frappé à la porte du Parti socialiste. Le même rapport d'Edith du 20 juillet 1990 annonce qu'une *réunion a été arrangée entre Praud et Morin et le responsable des droits de l'homme du Parti socialiste.* Qui sont Praud et Morin ? Deux scientologues que les Renseignements généraux ont tenté de piéger.

Philippe Praud, d'abord. L'affaire remonte au 8 novembre 1989. A 7 h 45 ainsi qu'en fait foi le procès-verbal dressé à l'issue de la perquisition, l'inspecteur divisionnaire de la Brigade nationale d'enquêtes économiques Jean-Louis Laborie et son collègue Maurice Grougnet se présentent au domicile de Philippe Praud à Bobigny, en Seine-Saint-Denis.

Praud est soupçonné de se livrer à *l'achat et la revente de produits parapharmaceutiques de manière occulte à l'enseigne G & G* (il s'agit du laboratoire anglais Gaiman & Gaiman Food Supplies dont le nom apparaît sur la liste des mécènes de l'Association internationale des scientologues [IAS]). En clair, de revendre illégalement des vitamines achetées en Grande-Bretagne à ses amis scientologues dans le cadre de la procédure de purification. Les deux policiers saisissent plusieurs documents dont le procès-verbal dresse la liste exhaustive : *une enveloppe contenant des tarifs de médicaments ; une enveloppe contenant des bons de livraison et factures d'achat et de vente de médicaments ; une chemise intitulée « impôts-déclaration 1988 » ; une chemise contenant des pièces de banque (Crédit lyonnais, Crédit mutuel, Crédit du Nord) ; un agenda rouge intitulé « Association École de l'Éveil, retraçant les ventes de médicaments ; un agenda « planoscope » 1989 noir, contenant des comptes avec des documents bancaires et concernant le commerce de médicaments ; une mallette-classeur vert foncé intitulée « École de l'Éveil* [une des écoles privées qu'ont monté les scientologues] *et contenant notamment des bulletins de paie de M. Praud et des factures de scolarité.*

Ce n'est pas tout. Comme le consigne l'inspecteur Laborie : *Incidemment, au cours de la visite,* [nous] *constatons la présence d'un certain nombre de boîtes de médicaments dont le fabricant est G & G, à Londres. Plaçons ces médicaments dans deux sacs en plastique en vue de leur examen ultérieur par les fonctionnaires du 4e cabinet de délégation judiciaire.* Leur moisson terminée, les deux fonctionnaires embarquent Praud. Longuement questionné, il est finalement relâché en fin de journée.

Dans les jours suivants, le scientologue va recevoir plusieurs appels téléphoniques de fonctionnaires des Renseignements généraux. Ceux-ci lui mettent le marché en main : s'il accepte de se transformer en informateur, les policiers sont disposés à passer l'éponge sur son petit trafic. Mieux, ils sont prêts à le rémunérer et à l'aider à régulariser son activité. Un « retournement » classique. Hélas pour eux, Praud a alerté ses amis scientologues. Qui lui ont conseillé d'enregistrer ses conversations avec les policiers... désormais, les rôles sont renversés. C'est Praud qui tient les policiers. Et il le leur fait comprendre. La presse serait sûrement très heureuse de pouvoir publier les transcriptions de ces étranges « négociations ». Le recrutement de l'indic a échoué.

La seconde affaire survient quelques semaines plus tard. A la fin de novembre, au début de décembre 1989, l'homme de ménage de la société Présence 7, une entreprise spécialisée dans l'informatique que dirige Patrick Morin, un scientologue, est contacté par des policiers. Ceux-ci lui proposent de l'argent en échange de renseignements sur les listings de l'entreprise et sur les liens de cette dernière avec l'Église de scientologie. La femme de Patrick Morin, Christine, était jusqu'en avril 1989 une des responsables d'OSA. L'employé refuse l'offre des policiers. Ceux-ci reviennent à la charge et lui demandent cette fois s'il accepterait de sortir les poubelles un peu en avance sur l'horaire normal (21 heures) de façon à ce qu'ils puissent s'en emparer. L'employé feint d'accepter et avertit le directeur de Présence 7, Patrick Morin. Le soir suivant, celui-ci se poste en embuscade, non loin des poubelles. Une Peugeot 205 blanche immatriculée 2151 ZN 95 avec, à son bord, plusieurs hommes, s'arrête.

Les passagers commencent à charger les sacs. Patrick Morin sort de sa cachette et hèle les éboueurs qui, prestement, remontent dans leur voiture et s'enfuient. Mais Morin a eu le temps de prendre des photos du véhicule et des éboueurs amateurs.

L'immatriculation correspond à une 405 blanche qui a appartenu jusqu'au 3 février 1989 à Marie-Christine C., une habitante de Cergy-Pontoise. Le véhicule a, après cette date, été vendu à un parent de la propriétaire qui réside aujourd'hui dans le Cher. Un changement de département qui a entraîné l'attribution d'un nouveau numéro d'immatriculation. Celui relevé par Morin était donc une immatriculation d'emprunt. Une signature... De vulgaires malfrats auraient choisi une immatriculation déjà existante. Quitte à impliquer un automobiliste n'ayant rien à voir dans l'affaire. Seuls des fonctionnaires des Renseignements généraux pouvaient avoir le souci de n'employer qu'un numéro qu'ils savaient vacant. Fort heureusement pour les RG, la rencontre entre Praud et Morin et le responsable du PS ne donnera pas les résultats escomptés. Le hiérarque de la rue de Solferino n'a sans doute pas voulu embarrasser son camarade Pierre Joxe.

La secte se contentera en définitive d'évoquer fort allusivement ces deux affaires dans un numéro d'*Éthique et Liberté* – son *magazine d'investigation* – de novembre 1991 consacré aux Renseignements généraux.

La secte a également contre-attaqué sur le terrain juridique. Une trentaine d'adeptes ont porté plainte tantôt pour discrimination, tantôt pour abus de pouvoir. Le premier chef visait Max Bouderlique, un sociologue lyonnais diplômé de psychiatrie, membre du Centre contre les manipulations mentales (CCMM), une des deux organisations antisecte. Son crime ? *Avoir tenu une grande conférence enthéta* [hostile à la scientologie] à Besançon, ainsi que nous l'apprend une rubrique du *Programme de maniement des investigations en France.*

Le second motif, lui, concernait les policiers ayant procédé aux interpellations de Marseille, Lyon et Paris. Une initiative spontanée ? Pas du tout. Un document du 15 juillet 1990, intitulé *Offensive des plaintes en France*, recense méticuleusement chaque procédure. Il s'agit d'une action concertée. Dans les paragraphes qu'il consacre aux actions à engager à Marseille, le « programme de maniement » ne fait pas mystère des objectifs de cette tactique.

Trouvez un juge pour instruire les plaintes déposées pour abus de pouvoir contre la police. Utilisez cela pour faire pression sur le juge [cette fois, il s'agit de Carole Sayouz, le magistrat marseillais chargé d'instruire les plaintes contre l'Église] *et stopper le harcèlement policier.*

Si vous êtes attaqués, écrivait Ron Hubbard en 1960, [...] arrangez-vous pour que la question soit politisée [...] *donnez l'impression au public, au gouvernement qu'ils sont tombés sur un barrage de flèches et un bombardement électronique, et que s'ils continuent leurs attaques, cela provoquera leur propre désintégration.* [...] *Investissez ces différents groupes, contrôlez-les, la scientologie est le seul jeu sur terre où tout le monde gagne. Il n'y a pas d'actes néfastes* [on ne commet pas de délit] *à mettre bon ordre dans les choses* [1].

1. LRH. HCO (Lafayette Ron Hubbard. Hubbard Communication Office), lettre de règlement, volume vert n° 7, 15 août 1960.

2

A LA CONQUÊTE DU MONDE

> Je m'engage à accepter et à assumer au mieux de mes aptitudes les responsabilités que l'on m'a confiées, peu importe leur nature, et peu importe où elles me conduiront dans l'accomplissement de ma tâche.
>
> Article 11 du code de la Sea Org [1]

Protéger les tables de la loi

Paris, 7 octobre 1989. Dans les salons du troisième étage de l'hôtel Nikko, transformés pour la circonstance en studio de projection, cinq cents personnes retiennent leur souffle. Déjà plus de une heure qu'elles suivent – comme des milliers d'autres un peu partout dans le monde – la retransmission par satellite du cinquième anniversaire de l'Association internationale des scientologues, en direct du manoir anglais de Saint-Hill dans le Sussex. Costumes de bonne coupe, tailleurs élégants, regards assurés et comportement policé, l'atmosphère de la salle du grand hôtel respire l'aisance matérielle et sociale. La clientèle d'un club de vacances haut de gamme. Ou d'un centre de thalassothérapie.

A l'écran, un des plus hauts dirigeants de l'Église de scientologie, le commander Norman Starkey – smoking, nœud

1. Fondée en 1967, la Sea Org (Organisation maritime en français) regroupe l'élite des scientologues. Voir ce même chapitre p. 74.

papillon et gants blancs – vient d'entamer sa démonstration. La présentation des dernières solutions techniques retenues par le « Management international » – la direction mondiale de l'organisation – afin de préserver des outrages du temps les œuvres de Ron Hubbard, le fondateur de la scientologie. « Par le passé, de nombreux fous ont accédé à des responsabilités gouvernementales », explique le très officiel « exécuteur testamentaire et dépositaire des biens de Ron Hubbard » avec une pointe de gravité dans la voix. « Demain, cette situation peut se reproduire et se terminer par un conflit nucléaire. La technologie de la scientologie doit par conséquent être enregistrée pour toujours sous une forme indestructible. » Un murmure d'approbation parcourt l'assistance parisienne. « Nous avons donc copié les enregistrements des conférences de Ron sur des disques lasers, poursuit l'orateur. Hélas ! le plastique de ces disques n'est pas inaltérable. Aussi, nous avons fabriqué un disque spécial composé d'une feuille d'or recouverte de verre. Le voici ! Et vous pouvez être sûrs qu'il durera des millénaires ! » lance-t-il triomphalement au milieu d'un tonnerre d'applaudissements, tandis qu'un gros plan de la petite merveille technologique envahit l'écran. « Restait un problème, reprend Starkey avec un sourire bienveillant de pédagogue chevronné : les survivants d'une catastrophe nucléaire ne disposeront peut-être pas de lecteurs laser... Quelques rires complaisants saluent la pertinence de la remarque. Mais nous avons trouvé la solution », reprend-t-il aussitôt. Les conférences ont également été gravées sur des disques de cuivre pouvant être écoutés sur un électrophone ordinaire, voire un gramophone. Et, au cas où ceux-ci viendraient malgré tout à s'user, nous en avons fabriqué d'autres en nickel-chrome ! » Et le spécialiste de brandir aussitôt, tel un prestidigitateur, un exemplaire de l'indestructible galette. Immédiatement, les applaudissements se déchaînent. A Paris, sur les chaises de l'hôtel Nikko, on se pousse du coude : le

« Management international » a prévu, comme à son habitude, toutes les éventualités. Mais le show de Norman Starkey n'est pas terminé. C'est maintenant au délicat problème de la conservation des livres de « Ron » qu'il s'attaque : « Nous avons commencé par élaborer un papier spécial, sans acide et très résistant, qui peut durer des siècles et des siècles. Nos chercheurs ont ensuite mis au point une encre pouvant résister plus de deux ans à l'action continue du soleil. Et le résultat, le voici : ce livre ! » Zoom de la caméra : un épais volume gris, format encyclopédie, s'empare de l'écran, provoquant une nouvelle salve d'applaudissements, toujours aussi enthousiastes.

« Mais les livres en papier peuvent brûler ou se dégrader sous l'action de l'eau, enchaîne Starkey. Heureusement, nous avons trouvé la parade : plusieurs jeux des écrits complets de Ron ont été imprimés sur des feuilles... d'acier trempé ! Un métal si résistant qu'il peut séjourner plus de mille ans au fond de la mer sans s'oxyder. C'est une première ! » Cette fois, à Paris comme à Saint-hill, c'est l'hystérie. Debout, le public ovationne longuement l'inspirateur des prouesses technologiques et, à travers lui, l'état-major de l'Église. « Ils » sont décidément très forts.

Mais l'édification des spectateurs n'est pas terminée. En bon professionnel, Norman Starkey a gardé le meilleur pour la fin : il annonce que tout le matériel qu'il vient de présenter, va être placé dans des containers spéciaux. Spéciaux ? « Oui, ils sont entièrement en... titanium », lâche le conservateur en chef de la scientologie après quelques secondes de suspense. Ils peuvent résister indéfiniment à l'eau de mer. Pour plus de sécurité, les poignées de l'enveloppe intérieure sont en argent massif. Et l'air des containers a été remplacé par de l'argon, un gaz qui prévient tout risque d'altération. » Étourdis par tant de savoir-faire, les spectateurs applaudissent à tout rompre. On se congratule, on s'interpelle. Un tabac.

Encore le responsable n'a-t-il exposé qu'une partie des précautions prises pour conserver l'enseignement du fondateur de l'Église. C'est en réalité toute une organisation, l'Église de la technologie spirituelle (Church of Spiritual Technology), juridiquement indépendante de la secte, qui se consacre à la préservation des œuvres de Ron Hubbard. Doté d'importances ressources financières (503 millions de dollars de revenu déclarés au fisc américain en 1987), ce département a déjà consacré 15 millions de dollars à l'accomplissement de sa mission. Une entreprise de longue haleine : Hubbard a laissé derrière lui 500 000 pages de texte, 6 500 bandes magnétiques et 42 films. Ces originaux sont précieusement gardés dans un complexe scientologue de haute sécurité près de Lake Arrowhead.

Les copies, elles, ont été entreposées dans trois bunkers spéciaux construits par l'Église dans des zones désertiques : le nord de la Californie, les montagnes de San Barnardino et le Nouveau Mexique. Des installations dignes de la salle de commandement du Pentagone ou de Fort Knox. Ainsi le bunker du Nouveau Mexique. On y accède par un tunnel de 200 mètres de long que barrent quatre portes blindées. Durée de vie selon les scientologues : mille ans. Les trois premiers vantaux peuvent en outre résister à une explosion nucléaire. Au bout du corridor, deux chambres fortes prévues pour supporter secousses sismiques et souffle atomique. Là reposent, tels de modernes manuscrits de la mer Morte, la plupart des containers en titanium renfermant les textes fondateurs – rendus eux-même indestructibles – de la scientologie.

Le secret des thétans

Quel fabuleux secret, quel savoir essentiel abritent donc ces cavernes de métal ? Rien moins que la Genèse. L'histoire de la création de l'univers. Et de notre monde. Selon Hubbard, bien sûr...

Au début, étaient les thétans. Des entités parfaites flottant dans le néant. Éternelles, omniscientes et omnipotentes. Dépourvues de masse, de mouvement ou de longueur d'onde. Bref, de purs esprits. Mais voilà, ces thétans s'ennuyaient. A cause de leur perfection justement. Par définition, rien ne peut surprendre celui qui sait et perçoit tout.

Les thétans créèrent alors l'univers. Ou plutôt ils l'imaginèrent. L'univers n'existe en effet que dans leur esprit. Il n'est qu'une formidable représentation collective. La création achevée, chaque thétan s'incarna dans une forme de vie. A la manière d'une âme prenant possession d'un corps. Enfin, ils allaient pouvoir éprouver le délicieux frisson que procure une existence sans cesse menacée.

Restait cependant à régler la question de l'enjeu. Ce ne pouvait être la mort, puisque les thétans sont immortels. Quand une forme de vie périt, le thétan qui l'occupe l'abandonne et cherche un autre corps où se matérialiser [1]. Il fut donc décidé que les perdants se verraient sanctionnés par la disparition d'un ou plusieurs de leurs pouvoirs. La chute commençait...

Les thétans se prirent au jeu. L'univers de départ, par trop rudimentaire, laissa la place à d'autres moutures, toujours plus complexes. Les affrontements se firent plus meurtriers. Et les gages plus lourds. Tant et si bien que les thétans perdirent l'essentiel de leurs pouvoirs. Oubliant à la fois qu'ils étaient des thétans et que l'univers n'était qu'une illusion. Le songe était devenu cauchemar. Un cauchemar dont les thétans sont encore prisonniers.

Ce thétan qui sommeille en chacun de nous, la scientologie se propose de le réveiller. C'est là le but ultime de l'entreprise – ou de la folie de Ron Hubbard : restaurer cette conscience du thétan, lui rappeler que le monde n'est que sa projection et qu'il peut l'anéantir à tout instant. Bref, le rétablir dans sa splendeur passée de « thétan opérant » (*opera-*

1. Hubbard prétendra ainsi avoir été Bouddha et Cecil Rhodes.

ting thetan ou OT), d'être qui est *cause sur la pensée, la vie, la matière, l'énergie, l'espace et le temps*[1].

Le second tournant de cette saga cosmologique intervient, lui, il y a soixante-quinze millions d'années. La terre s'appelait alors Teegeeak et faisait partie d'une confédération galactique regroupant 76 planètes. Une confédération menacée par le surpeuplement. Chaque astre abritait en effet plusieurs centaines de milliards d'individus. Le président de la confédération, un tyran du nom de Xenu, ordonna que l'excédent de population soit déportée sur Teegeeack. Des milliards et des milliards de créatures, humanoïdes ou non, furent arrêtées et placées en état d'hibernation au moyen d'un mélange d'alcool et de glycol. Les soldats de Xenu les chargèrent ensuite à bord de navettes spatiales, ressemblant à des DC 8, qui prirent la direction de la terre. Parvenus à destination, les congelés furent déposés au pied de dix volcans [2] qui ceinturaient alors Teegeeack. A l'intérieur de chacun des cratères, on installa des charges nucléaires. L'explosion anéantit les corps. Mais pas les thétans qui les occupaient.

Rattrapées, les entités galactiques furent soumises pendant trente-six jours à un terrible conditionnement psychique afin qu'elles ne puissent jamais se rappeler la forfaiture de Xenu. On les bombarda d'« implants », autrement dit de suggestions hypnoptiques : phobies diverses, perversions sexuelles, superstitions, croyance religieuses... [3] C'est de cette époque que datent toutes nos affections psychiques : névroses, psychoses et autres conflits de personnalité.

Pas question cependant de révéler cette odyssée au tout venant. Il faut être préparé à la recevoir. Seuls les OT 3 (Thétan Opérationnel de niveau 3 – l'échelle prévue par

1. « Définition de l'état d'OT », conférence du 29 novembre 1966.

2. C'est à cet épisode que fait implicitement référence le volcan qui orne la plupart des éditions de *La Dianétique,* le livre de base des scientologues.

3. Le Christ n'est ainsi pour Hubbard qu'un thétan « implanté ».

Hubbard comporte huit degrés), quelques milliers de scientologues sur la centaine de mille que compte la secte ont été initiés à cette vérité, connue en scientologie sous le nom de « mur du feu ». Hubbard, qui a été le premier à le franchir, explique en effet : *le contenu de ce secteur* [...] *est arrangé soigneusement pour faire périr celui qui en découvrirait la vérité exacte* [1]. Danger donc. Un dispositif de sécurité a été installé. Quiconque tentera de percer le secret des thétans périra. A moins, bien sûr, d'être scientologue...

Pourquoi ? Parce que l'univers n'est qu'apparence, mensonge. Si quelqu'un venait à le découvrir et à le crier sur les toits, alors l'illusion s'évanouirait, précipitant les thétans dans le chaos. Des thétans diminués, vulnérables. N'oublions pas qu'ils ont perdu l'essentiel de leurs pouvoirs en s'incarnant dans l'humanité. Loin de les libérer, une aussi brutale révélation les condamnerait à demeurer à jamais dans leur état présent. Celui d'êtres plongés dans un sommeil hypnotique. Ce serait pour le coup la fin de tous les mondes, passés et à venir.

Un auteur de science-fiction nommé Ron Hubbard

De la science-fiction ! Rien d'étonnant à cela. Avant de fonder l'Église de scientologie, Ron Hubbard gagnait sa vie en écrivant des romans d'anticipation...

Lafayette Ronald Hubbard est né le 13 mars 1911 à Tilden dans le Nebraska. Fils d'un sous-officier de l'US Navy, sa scolarité sera des plus chaotiques. Abandonnant le lycée, il prépare le concours d'entrée à l'École navale. Mais ses aptitudes physiques le contraignent à renoncer. Il s'inscrit alors à l'université de Washington DC, section génie civil. Sans parvenir à boucler le cap de la première année malgré un redoublement.

1. Journal de Ron, 1967.

Nous sommes en 1933. Ron a 22 ans. Et aucun diplôme. De surcroît, il vient d'épouser Polly, sa première femme. Que faire ?

Ron a envie d'écrire. Il s'y est déjà essayé dans le journal de l'université, *The Hatchet.* Thème de prédilection de ses articles, le récit de ses voyages. Les affectations successives de son père ont en effet permis au jeune Hubbard de découvrir très tôt d'autres horizons. Il a séjourné pendant presque deux ans sur l'île de Guam dans le Pacifique, visité Pékin et Shanghai, fait escale à Honolulu, Yokohama, Manille. Avec ses camarades d'université, Ron a encore caboté dans les Caraïbes. Avant de tenter sa chance, seul, à Puerto Rico comme employé pendant quelques mois d'une compagnie minière.

Autre source d'inspiration, ses exploits aériens. Grâce au club de vol à voile du campus, Ron a obtenu ses brevets de pilote de planeur puis d'avion à hélice.

Dernier filon, ses souvenirs d'enfance. Élevé dans le Montana, où son grand-père possédait une ferme, Ron a été bercé par les récits des affrontements entre cow-boys et Indiens.

Vouloir écrire est une chose. Vivre de sa plume en est une autre. Seul le *pulp,* le roman de gare, garantit à l'époque un revenu régulier à ses auteurs. Littérature de pure distraction – les héros les plus connus s'appellent Nick Carter, docteur Fu Manchu ou Tarzan – le *pulp* est très apprécié dans les milieux populaires. Pour quelques cents, les lecteurs sont entraînés dans une cascade d'aventures exotiques ou fantastiques qui leur font oublier la grisaille des lendemains de la crise de 1929.

Ron décide de tenter sa chance. Les éditeurs des revues *pulp* ne sont guère exigeants dans le style ou la cohérence de l'intrigue.

Un premier manuscrit est accepté. Puis un autre. Hubbard se prend au jeu. Multipliant les pseudonymes – Winchester Remington Colt, Kurt von Rachen, René Lafayette, Joe Blitz... –, il écrit histoire sur histoire. Rapidement, il devient un des plus solides piliers du *pulp*. En 1938, il fait la connaissance à New York d'un jeune éditeur de 27 ans, John Campbell, qui vient de lancer une revue exclusivement consacrée à la science-fiction, *Astounding*.

Campbell, bien que de formation scientifique, est fasciné par la télépathie, la télékinésie et la voyance. Il est persuadé que les phénomènes paranormaux peuvent être expliqués scientifiquement. La science-fiction doit selon lui s'arracher au fantastique pour devenir anticipation scientifique.

De ses auteurs, le jeune éditeur exige du style, de l'imagination et de la compétence technique. Finies les nouvelles sans queue ni tête, écrites à toute vitesse par des forcenés de l'Underwood soucieux de boucler leurs fins de mois. La science-fiction doit acquérir ses lettres de noblesse.

Un parti pris qui attirera dans son écurie la plupart des grands noms de la science-fiction : Isaac Asimov, Robert Heinlein ou A.E. Van Vogt...

Hubbard apparaît pour la première fois dans *Astounding* en juillet 1938 avec une nouvelle intitulée *The Dangerous Dimension.* L'histoire met en scène un professeur d'université qui peut se transporter par la pensée en n'importe quel endroit de l'univers. Un thème – les pouvoirs insoupçonnés de l'esprit – qu'il ne va cesser de décliner tout au long de la bonne dizaine d'années que va durer sa collaboration avec Campbell. Son deuxième manuscrit *The Tramp,* par exemple, met en scène un vagabond qui acquiert, à l'issue d'une trépanation, le pouvoir de guérir ou de tuer d'un simple regard. Dans un autre récit, *Fear,* publié en 1940, le monologue intérieur du narrateur provoque la désintégration d'un professeur coupable d'avoir écrit un article niant l'existence des esprits et des démons...

Cette fascination pour l'esprit et ses pouvoirs le poussera en 1946 à se rapprocher d'une secte sataniste, l'Ordo Templi Orientis (OTO). Fondée par l'anglais Alexter Crowley, la secte s'est implantée aux États-Unis et en particulier en Californie, à Pasadena. Le responsable de la loge, John Witheside Parsons, est un chimiste de renom spécialisé dans les carburants pour fusées.

Sous son toit, il héberge une colonie d'étudiants, de bricoleurs et d'artistes en quête de célébrité. Un petit monde auquel est venu se joindre Hubbard à l'invitation de Parsons.

Sous la férule de son nouvel ami, Ron va participer à de nombreuses expériences de magie sexuelle. Dont la conception d'un « enfant lunaire » doué de pouvoirs surnaturels. Une cérémonie très crue : tandis que Parsons et sa compagne s'accouplent, Hubbard psalmodie des incantations. Le rituel se poursuivra pendant... onze jours.

Sans doute lassée de ces extravagances, la compagne de Parsons, Sarah Nortrup, finira par se jeter dans les bras de Hubbard, qui l'épousera peu après. Une union qui mettra un point final aux relations entre les deux hommes.

Naissance de la dianétique

Hubbard sort de l'épisode assez déçu. Il n'a jamais vraiment cru à la magie. Les phénomènes paranormaux sont pour lui du ressort de la science. Seule cette dernière peut les expliquer et surtout nous donner les moyens de les maîtriser. Cela vaut pour les pouvoirs de l'esprit. Hubbard est convaincu qu'on peut développer ces derniers grâce à des techniques rationnelles et rigoureuses. Exit les philtres et autres formules de grimoires, place à la dianétique, la « science moderne de la santé mentale ».

C'est Campbell, l'éditeur, qui lance la machine. En décembre 1949, il annonce dans l'éditorial d'*Astounding* que Hubbard met la dernière main à un article présentant une science entièrement nouvelle : la dianétique. *Ses pouvoirs sont incroyables, écrit Campbell. Elle prouve que l'esprit non seulement peut gouverner le corps, mais encore qu'il le gouverne complètement. En suivant les lois de base, les maladies physiques comme l'ulcère, l'asthme et l'athrite peuvent être soignées, comme toutes les autres maladies psychosomatiques.*

L'article de Ron paraît en mai 1950. *Astounding* bat à cette occasion tous ses records de vente. Quelques semaines plus tard, la version définitive de *La Dianétique*, un livre de 400 pages, fait son apparition dans les librairies. L'ouvrage devient immédiatement un best-seller.

Examinons donc cette thérapie révolutionnaire. Le cerveau humain, affirme Hubbard, est comparable à un... ordinateur. Un ordinateur *parfait* baptisé *mental analytique.*

Pour fonctionner, ce dernier fait appel à des mémoires, *les banques mnémoniques standards* en jargon scientologue, dans lesquelles sont archivées toutes nos perceptions sensorielles. Ces informations qui sont sans cesse triées, évaluées, comparées, permettent au mental analytique de déterminer la meilleure conduite à tenir dans chaque situation.

Mais voilà, constate Hubbard, bien que doté d'un ordinateur infaillible, l'homme se trompe. D'où vient ce dérèglement ? Du mental analytique ? Non, il est, par définition, parfait. De la mémoire de l'ordinateur ? Pas davantage. Les perceptions sont transmises sans aucune altération.

Reste une hypothèse : celle d'une mise hors tension du mental analytique. C'est l'explication avancée par Hubbard. Dans certaines situations extrêmes, douleur physique, menace immédiate, émotion intense, la survie même de l'appareil psychique implique qu'il disjoncte.

Une autre structure de l'esprit prend alors le relais : le *mental réactif. Un dur,* note Hubbard. C'est lui qui nous commande de fuir en face du danger, de faire un écart pour éviter une voiture, de nous raccrocher à la rampe pour ne pas glisser dans l'escalier... Bref, ce « dur » correspond grosso-modo à ce que nous avons coutume de désigner sous le nom d'« instinct de conservation ».

A cette différence près que le mental hubbardien enregistre et stocke dans une mémoire particulière tous les détails de l'incident. Y compris le sentiment de douleur. Et ce faisant, il fabrique un « engramme ». Pour illustrer son propos, Hubbard prend l'exemple d'une femme tombant à terre sous l'effet d'un coup et sombrant dans l'inconscience. Le mental réactif va enregistrer tous les éléments de la scène. Une voiture qui passe dans la rue, une odeur, un robinet qui coule, une sensation de froid ou de chaleur, etc. L'ensemble de ces éléments constitue l'engramme.

Cet engramme va être mémorisé dans la « banque des urgences » qui est l'unique source d'informations du mental réactif. Cet archivage d'informations douloureuses ne porterait pas à conséquence si le mental réactif pensait autrement que par identité. Chaque fois qu'il est confronté à un élément enregistré lors de l'incident, il croit se retrouver dans la même situation et provoque une restimulation. La jeune femme de tout à l'heure va éprouver une sensation de douleur aux endroits où elle a reçu les coups. Douleur qui sera d'autant plus forte que les éléments rappelant la scène de l'incident seront nombreux. Voilà donc identifiée la source de la plupart de nos maux : le mental réactif et sa banque d'engrammes. Une véritable calamité puisqu'il est la cause de toutes les maladies mentales : psychoses, névroses, refoulements. Il est encore, poursuit Hubbard, derrière le rhume, l'arthrite, l'asthme, les allergies, les sinusites, les troubles coronaires, toutes maladies définies par l'inventeur de la dianétique comme étant purement psychosomatiques.

Mais la liste des méfaits du mental ne s'arrête pas là : il

perpétue les menaces de guerre, rend les politiciens irrationnels, fait aboyer les officiers et *fait pleurer les enfants dans le noir.* Il pousse encore l'homme *à ravaler ses espoirs, le maintient dans un état d'apathie* et finalement *le tue avant qu'il ait commencé à vivre* [1]. Heureusement, il y a la dianétique. La seule thérapie qui soit à même de vider entièrement et définitivement l'esprit de ses engrammes. Et donc guérir les maladies psychosomatiques qui, assure Hubbard, *représentent 70 p. 100 des maladies répertoriées par la médecine* [2].

Le père de la scientologie voit même plus loin : *Le programme de recherche actuel de la dianétique* [ces lignes ont été écrites en 1950] *comprend le cancer et le diabète. Nous avons de bonnes raisons de supposer que ces deux maladies sont d'origine engrammique, en particulier le cancer* [3]. Bigre ! Mais pas de faux espoirs : *Si je mentionne cette hypothèse,* se reprend aussitôt Hubbard, *c'est uniquement à titre d'information. Aucune expérience n'a été effectuée pour le moment sur des sujets atteints d'un cancer ou d'un diabète. Donc considérez cela comme une hypothèse, rien de plus, et surtout, n'allez pas en conclure que nous guérissons le cancer* [4]. Cela va mieux en le disant...

L'audition

L'arme de la dianétique ? L'audition. Une régression dans le passé du patient sous la conduite d'un scientologue formé à ce genre d'exercice : l'auditeur.

1. *La Dianétique, New Era Publications, France,* 1988, p. 68.
2. *Op. cit.*, p. 111. Hubbard portera néanmoins des lunettes une grande partie de sa vie. L'ulcère qui l'affecte à partir de 1943 ne disparaîtra jamais. Enfin, il souffrira sur le tard de troubles coronariens et verra sa mobilité articulaire diminuée par l'arthrite.
3. *Op. cit.*, p. 114.
4. *Ibid.*

Assis face à l'audité, l'auditeur lui demande de se remémorer un incident l'ayant marqué. En le questionnant, il va lui faire revivre la scène dans ses moindres détails jusqu'à ce que celle-ci puisse être évoquée sans déclencher de troubles chez le patient. L'engramme s'est transformé en simple souvenir conscient. Il a quitté la banque des urgences pour rejoindre la banque mnémonique standard. Si, malgré tout un blocage persiste, c'est qu'il y a alors un autre engramme derrière celui qui est examiné. Au cours des séances suivantes l'auditeur tentera de faire remonter cette chaîne d'engrammes – un parcours dénommé la « piste du temps » – à l'audité. Jusqu'à l'engramme initial que Hubbard appelle le « basique-basique », c'est-à-dire le premier engramme enregistré après la conception.

Pour débusquer les engrammes, les scientologues font appel à l'électromètre, un appareil mis au point en 1952 par un disciple de Hubbard, Volney Mathison. L'engin se compose d'un galvanomètre auquel sont reliés deux cylindres métalliques (les « piles » en jargon scientologue) que l'audité tient dans ses mains tout au long de la séance. Le principe de fonctionnement repose sur les variations de conductivité de la peau. Lorsque l'adepte, sous le coup d'une question embarrassante, se met à transpirer ou resserre ses doigts sur les piles, il provoque une modification du circuit électrique, qui se traduit aussitôt par un mouvement de l'aiguille du galvanomètre. L'auditeur sait alors que son interlocuteur lui cache – volontairement ou non – quelque chose. Bref, l'électromètre joue le rôle de détecteur de mensonges.

Ce gadget inquisitorial mis à part, voilà qui ressemble fort à une banale séance d'analyse ! Un plagiat d'autant plus pitoyable qu'il s'arrête au stade embryonnaire de la psychanalyse. Et donc se prive de tous les développements que connaîtra par la suite cette dernière. Notamment, l'arsenal conceptuel que Freud a peu à peu forgé afin de rendre compte de la complexité du psychisme. Du médecin autrichien, Hubbard ne retient en effet que le mécanisme du refoulement. Pas de libido en scientologie. Pas de pulsions de désir, pas de principe de plaisir, pas de sublimation ou d'investissement. En un mot, pas de passions. L'appareil psychique des dianéticiens est un monstre froid de rationalité.

Pas davantage d'intériorisation des interdits moraux ou culturels. Dépourvu d'élans affectifs, le cerveau-ordinateur n'a nul besoin de règles sociales qui viendraient les réfréner. Enfin, Hubbard exclut – ou tout simplement n'a pas envisagé – que l'esprit puisse ruser avec lui-même. La condensation – fusion de plusieurs éléments d'un rêve –, le déplacement – transfert d'une charge affective sur un substitut – sont autant de concepts que le fondateur de la scientologie ignore.

Ce qui ne l'empêchera pas de prétendre à plusieurs reprises dans ses écrits qu'il a dépassé la psychanalyse, discipline qu'il aurait assimilée très tôt...

Si l'on s'en réfère à la version de l'Église, Hubbard aurait été initié aux théories de Freud par un ami de son père, le Commander Thompson de l'US Navy Medical Corps. Ce dernier aurait lui-même étudié à Vienne sous la direction du médecin autrichien.

Détail gênant, cette rencontre se serait produite en 1923, à bord d'un navire qui remontait le canal de Panama. Ron avait à l'époque... 12 ans. Difficile de croire qu'un gamin de cet âge ait pu retenir grand-chose des explications de Thompson – en supposant que celui-ci ait vraiment été un élève de Freud. En fait, Hubbard s'est tout bonnement contenté de plaquer un jargon scientiste (« mental analytique », « mental réactif », etc.) sur une thérapie déjà existante, la psychanalyse, réduite pour la circonstance à sa plus simple expression.

Transfert et identification

Qu'on nous permette ici une digression sur les conséquences de cette réduction.

Parmi les effets pervers de la cure analytique, Freud plaçait au premier plan un phénomène de réaction que l'on rencontre souvent chez le patient : le transfert. Le médecin autrichien, qui a consacré de longs développements à ce mécanisme, désignait par ce terme le lien de dépendance et d'identification qui s'établit entre le patient et le thérapeute au cours des séances d'analyse. Pour prévenir les dangers que pouvait entraîner pareille relation, le médecin autrichien recommandait au praticien de se garder envers son malade de toute projection de ses propres complexes. Autrement dit, d'éviter de structurer l'esprit du patient à l'image de celui de l'analyste.

Rien de tout cela dans la dianétique. Résultat, l'audition censée libérer l'individu de ses aberrations – ainsi désigne-t-il les troubles psychiques – instaure entre l'audité et l'auditeur un lien de dépendance que rien ne vient contrecarrer.

Un lien bien particulier. Les auditeurs suivent en effet une procédure réglée dans ses moindres détails. Le « Cours Hubbard d'auditeur dianétique » codifie le déroulement de la séance jusqu'au vocabulaire à employer. La personnalité des auditeurs s'efface donc totalement. Ils deviennent identiques et donc interchangeables.

Conséquence, le transfert s'effectue, non plus sur un auditeur, mais sur tous les auditeurs. Des auditeurs qui à leur tour ne sont que des clones de Hubbard, puisqu'ils répètent scrupuleusement la procédure du fondateur. C'est donc, à l'arrivée, sur lui que s'établit le transfert.

Né pour commander

Là est précisément le but recherché. Hubbard n'a pas pour ambition de soulager l'humanité souffrante. Ce qu'il veut, c'est commander. Son comportement pendant la Seconde Guerre mondiale est particulièrement révélateur à cet égard. Nommé lieutenant de l'US Navy grâce aux cours de préparation militaire suivis à l'université George Washington, Hubbard est affecté en janvier 1942 à Brisbane, en Australie. En quelques semaines, il réussit à se brouiller avec la plupart des officiers qui l'entourent. Un mois à peine après son arrivée, il est renvoyé aux États-Unis. Dans son rapport, l'attaché naval américain de Brisbane le dépeint en ces termes : *En assumant une autorité qui ne lui avait pas été autorisée et en tentant d'accomplir des missions pour lesquelles il n'avait pas de qualifications, il s'est converti en source de beaucoup de troubles. Cet officier n'est pas capable d'accomplir seul des missions. Il est hâbleur et essaie de se donner de l'importance.* [...] *Il requiert un étroit contrôle pour donner satisfaction dans toute mission de renseignement* [1].

Direction San Francisco où il est hospitalisé pour une fièvre catarrhale (inflammation des muqueuses) qu'il a contractée à bord du bateau. Après avoir récupéré, il est affecté à Boston où il supervise la conversion d'un chalutier, le *Mist,* en patrouilleur de la Navy. Rebaptisé le YP 422, le bateau effectuera quelques exercices d'entraînement dans la baie de Boston en août 1942. Là encore, Ron ne fait pas bonne impression à ses supérieurs. *Le lieutenant Hubbard n'a pas le tempérament requis pour commander seul, écrit le commandant du* Boston Navy Yard [...] *Je crois que Hub-*

1. Rapporté par Jon Atack dans son excellent ouvrage *A Piece of Blue Sky – Scientology, Dianetics and L. Ron Hubbard Exposed,* Lyle Stuart Book, New York, 1990, p. 72 et 73.

bard est capable de services utiles s'il est affecté à une autre mission sous le contrôle immédiat d'un officier plus élevé[1].

Renvoyé à New York, Hubbard réussit en novembre 1942 à se faire affecter au centre de chasse des sous-marins, en Floride, pour une période d'entraînement. Deux mois plus tard, il est affecté sur le PC 815, un chasseur de sous-marins dont il a supervisé l'armement. En avril, le commandement du bâtiment lui est confié. Hubbard brûle de montrer ce qu'il sait faire.

Le 19 mai 1943, à 4 heures, alors que le navire patrouille le long des côtes de l'Oregon, un écho est enregistré sur le radar. Un sous-marin ! Hubbard donne l'ordre de larguer une dizaine de charges explosives. A 9 heures, le bateau de Hubbard est rejoint par deux dirigeables. Détail étrange, le sous-marin pourchassé n'a pas riposté aux attaques. Hubbard en conclut qu'il n'a pas pu lancer ses torpilles à cause d'une avarie. Aucun débris ou tâche d'huile ne flottent pourtant à la surface. Trois autres bâtiments de l'US Navy vont rejoindre le PC 815 au cours des heures suivantes. Dépourvus de moyens de détection, ils sont obligés de s'en remettre aux décisions de Hubbard.

La traque va durer ainsi trois jours sans qu'aucun signe vienne confirmer la présence d'un sous-marin. Cela n'empêchera pas Hubbard d'ordonner un grenadage intensif de la zone. A court de munition, les navires devront finalement regagner leur base.

L'amiral Fletcher, commandant de la frontière maritime du Nord-Ouest écrira dans son rapport *Les commandants de tous les bateaux, excepté le PC 185* [le bâtiment de Hubbard] *ont constaté qu'il n'y avait aucune trace de sous-marin dans cette zone et estiment qu'il n'y avait aucun sous-marin dans la zone*[2].

1. Jon Atack, *A Piece of Blue Sky, op. cit.*, p. 74.
2. Jon Atack, *A Piece of Blue Sky, op. cit.*, p. 79.

En route vers la scientologie

Si John Campbell, l'éditeur de Hubbard, avait connu cet aspect de la personnalité de son poulain, sans doute aurait-il réfléchi à deux fois avant de l'aider à lancer la dianétique.

Mais voilà, à l'époque, Hubbard est pour lui un visionnaire de génie. Et la dianétique, le prolongement des longues conversations enflammées qu'il a avec Ron depuis qu'ils se connaissent.

Enthousiasmé par le manuscrit de la dianétique, il a gagné à la cause de Ron le docteur Joseph Winter, le spécialiste médical d'*Astounding.* Ouvert aux nouvelles thérapies, le médecin ne s'est pas formalisé de l'absence de titres de Hubbard. Il considère ce dernier comme un pionnier. Campbell et Winter croient si fort en la dianétique qu'ils se sont associés avec Hubbard pour ouvrir, à Elizabeth, la fondation Hubbard de recherche dianétique (HDRF). Association dont A.E. Van Vogt, autre convaincu de renom, assure les premières permanences, délaissant pour un temps la science-fiction.

Campbell et Winter ont également fait circuler auprès de leurs relations le manuscrit du livre. Parmi elles, Arthur Ceppos, un éditeur d'ouvrages médicaux. A son tour conquis, il a rejoint le directoire de la fondation et accepté de publier *La Dianétique.*

Cette absence de prudence peut surprendre. Le contexte de l'époque y est pour beaucoup. Les États-Unis sont encore plongés dans l'euphorie de la victoire. Surtout, la guerre a été une formidable période d'innovations technologiques. On a domestiqué l'atome. Pourquoi ne maîtriserait-on pas le cerveau ? Et puis il y a la mentalité américaine, toujours prompte à s'enflammer pour les pionniers et les self-mademen.

Les instances médicales se montrent en revanche plus vigilantes. Dès la parution de *La Dianétique*, l'Association américaine des psychologues (APA) dénonce l'absence de vérification clinique des théories de Hubbard. Imitée peu après l'Association médicale américaine (AMA).

Grisé par le succès de son livre, Hubbard décide au mois d'août 1950 de présenter à la presse de Los Angeles son premier « clair ». Autrement dit, le premier patient totalement débarrassé de ses engrammes.

Hélas ! celui-ci s'avérera incapable de faire la démonstration de ses nouveaux pouvoirs. Il ne parviendra pas, malgré son cerveau « rénové », à se souvenir de la couleur de la cravate de Hubbard, pourtant entrevue quelques instants auparavant... Un revers qui est le prélude d'une longue série. En octobre, Winter démissionne de la fondation. Hubbard vient d'introduire dans le cursus dianétique l'audition des vies antérieures. L'audité est censé remonter dans le passé de ses précédentes incarnations. Le dérapage est patent. Ce n'est plus l'inconscient qui est sollicité, mais l'imagination. L'audition devient autosuggestion. Une dérive que Winter entend ne pas cautionner. Tout comme Art Ceppos, l'éditeur de *La Dianétique,* qui a son tour jette l'éponge.

La réaction de Hubbard est brutale. Ceppos est publiquement accusé par le directoire de la fondation dianétique d'être un sympathisant communiste. Juste au moment où le sénateur Joseph McCarthy entame sa croisade anticommuniste dans le pays.

Quelques mois plus tard, c'est sa propre femme que Hubbard dénonce au FBI comme communiste. Dans une lettre adressée à l'office fédéral, il l'accuse d'avoir infiltré la fondation en compagnie d'autres « communistes ». Sarah venait d'annoncer à son époux son intention de divorcer. Motif : sa « cruauté mentale ». Hubbard avait l'habitude d'attacher sa moitié sur son lit afin de lui injecter des drogues... La malheureuse a d'ailleurs porté plainte, accusant Hubbard de souffrir d'une paranoïa schizophrène.

La réplique ne se fait pas attendre. Ron saisit la justice : sa femme aurait essayé à deux reprises de le tuer dans son sommeil. La première fois, en le rouant de coups, aidée par des complices. Lors de la seconde tentative, elle aurait injecté de l'air dans ses artères avant de l'électrocuter [1]...

Les magistrats ne donneront pas suite à la plainte. Les ennuis continuent de s'accumuler. Polly, sa première femme, lui réclame ses pensions alimentaires. John Campbell, son éditeur, démissionne du directoire de la fondation. Celle-ci fera faillite peu après.

La Dianétique quant à elle a disparu des listes des best-sellers. L'ordre des médecins du New Jersey a entamé des poursuites contre Hubbard, accusé d'enseigner la médecine sans diplômes. La Food and Drug Administration (FDA) commence à s'intéresser à lui. Ainsi que le FBI à qui il a tant écrit. Il est temps de changer d'air. A la fin de 1951, Hubbard s'installe à Wichita dans le Kansas avec l'appui d'un nouveau mécène, Don Purcell, milliardaire et disciple de la première heure. Le nouveau centre prend la dénomination de « New Wichita Hubbard Foundation ». Hélas pour Hubbard, les créanciers de la fondation d'Elizabeth ne mettront pas longtemps à retrouver sa trace. Purcell, qui a déjà beaucoup déboursé, refuse d'éponger le passif. Réaction de Hubbard : il abandonne son nouveau centre à Purcell et ouvre à l'autre bout de la ville le « Hubbard collège ». Avant d'attaquer Purcell en justice pour... mauvaise gestion !

Le Hubbard College stagne. Hubbard, qui vient de se remarier avec une étudiante de la Wichita Foundation, Mary Sue Whipp, décide au printemps 1952 d'aller s'installer dans l'Arizona, à Phoenix. Là, il fonde l'Association Hubbard des scientologues. Un changement de nom qui, espère-t-il, brouillera les pistes.

1. Épisode relaté par Russel Miller dans *Bare-faced Messiah – The True Story of L. Ron Hubbard*, Henry Holt and Company, New York, 1987, p. 184 et suivantes.

Peine perdue. En décembre, la police fait irruption dans les nouveaux locaux. Hubbard est sommé de régler les dettes de la Wichita foundation. L'auteur de *La Dianétique* comprend qu'il vaut mieux se faire oublier quelque temps. Dans les jours qui suivent, il s'embarque en compagnie de Mary Sue pour l'Angleterre.

L'éloignement portera conseil. A son retour, un an plus tard, Hubbard remanie de fond en comble son organisation. Plus question de science ou de psychothérapie. La scientologie devient religion. La loi américaine exonère en effet les Églises de tout impôt.

Les disciples californiens sont les premiers à suivre la consigne. En février 1954, l'Église de scientologie de Californie voit officiellement le jour. Ses statuts prévoient qu'elle reverse 20 % de ses revenus à une autre association religieuse, l'Église de la science américaine présidée par... Lafayette Ronald Hubbard. Apparemment, notre homme a enfin compris comment éviter les poursuites administratives et judiciaires. Les deux Églises font en effet partie d'une troisième structure, l'Église de l'ingénierie spirituelle, dirigée elle aussi par Hubbard.

Peu à peu, la plupart des groupes indépendants de scientologues se transforment en Églises et passent sous le contrôle de l'Association internationale Hubbard des scientologues, qui fédère l'ensemble des structures.

Saint-Hill

1959. Hubbard quitte les États-Unis pour s'établir en Angleterre. Quelques mois auparavant, la Food and Drug Administration a fait irruption dans les locaux de l'Église de Washington DC, pour saisir les tablettes de vitamines délivrées lors des cures de purification... Prudent, Hubbard a préféré mettre un peu de distance entre lui et les autorités américaines.

Son nouveau quartier général, le manoir de Saint-Hill dans le Sussex, est des plus somptueux. La demeure appartenait auparavant au Maharadjah de Jaipur.

Est-ce le sentiment d'être enfin en sécurité ? Toujours est-il que Hubbard entreprend de muscler son organisation. En avril 1960, un bulletin de l'Église exige ainsi que Richard Nixon, alors vice-président des États-Unis, soit empêché par tous les moyens de devenir Président [1]. Le fondateur de l'Église reproche au candidat la surveillance attentive dont il est l'objet de la part des Services secrets.

En juin de la même année, un « plan spécial de zone » *(spécial zone plan)* est promulgué. Il enjoint aux scientologues de s'infiltrer dans l'appareil d'État afin de manipuler et contrôler les organes de décision, gouvernement y compris. La mise en œuvre de ce plan est confiée à un « département des affaires officielles », que Hubbard présente comme le « ministère de la propagande et de la sécurité » des scientologues.

En mai 1961, Hubbard propose ses services à John Fitzgerald Kennedy. Il veut former les cosmonautes selon les techniques scientologues. Pour souligner l'intérêt de son offre, Hubbard affirme qu'il a été sollicité à plusieurs reprises par les Russes, notamment par Pavlov en 1938.

Kennedy ne répond pas. Deux ans plus tard, en janvier 1963, la Food and Drug Administration fait irruption dans les locaux de l'Église de Washington. Cette fois, c'est pour saisir les électromètres...

L'affrontement entre l'Église et les autorités s'étend maintenant aux autres continents. En décembre 1965, l'État australien de Victoria décrète la scientologie hors la loi à l'issue d'un rapport au cours duquel auront été entendus 151 témoins. Les scientologues contourneront l'interdiction en changeant l'Église de scientologie en « Église de la nouvelle foi ».

1. Russel Miller, *Bare-faced Messiah*, *op. cit.*, p. 240.

Quelques semaines plus tard, en Angleterre, lord Balniel, un député de la Chambre des communes interpelle le ministre de la Santé à propos de la scientologie et réclame une enquête sur ses agissements. L'Église prend l'affaire très au sérieux. Le manoir de Saint-Hill est à cette époque le quartier général mondial de l'organisation. Pas question par conséquent de rester les bras croisés. Le 1er mars 1966, une circulaire de Hubbard annonce la création du Bureau du gardien, ancêtre du Bureau des affaires spéciales (OSA).

Aux États-Unis, la situation n'est guère meilleure. L'Internal Revenue Service, le fisc américain vient de retirer son exemption fiscale à l'Église de scientologie de Californie. Motif : l'Église se livre à des activités commerciales.

L'épopée de la Sea Org

Hubbard décide une nouvelle fois de lever le camp. Pour une destination où cette fois, pense-t-il, on ne pourra pas le poursuivre : les eaux internationales. En grand secret, le fondateur de la scientologie a mis sur pied une petite flotte privée sur laquelle embarque l'élite de l'organisation à la fin de l'année 1967. La Sea Org (l'Organisation maritime) vient de voir le jour.

Pendant près de sept ans, les trois navires qui composent l'escadre, l'*Apollo,* l'*Athena,* et le *Diana,* vont sillonner les mers. Hubbard qui s'est bombardé « commodore » continue de régenter par radio la vie de l'Église. A bord des bâtiments, l'équipage partage son temps entre les quarts et les séances d'audition. Tous ont signé un extravagant contrat les engageant pour... deux milliards d'années au service de l'Église. La discipline est impitoyable. Toute faute, aussi minime soit-elle, est immédiatement sanctionnée. Pour les plus graves, Hubbard créera en 1973 le Réhabilitation Project Force (RPF). Les scientologues frappés par cette condamnation doivent endosser un pyjama noir. Il leur est interdit de parler. Personne, sauf les surveillants, ne peut leur adresser la parole. Relégués dans les profondeurs du bateau, ils sont affectés à des travaux de force, d'autant plus pénibles que leur ration alimentaire a été réduite. La levée de la sanction est laissée au bon vouloir de Hubbard et de ses lieutenants.

Dès qu'un scientologue semble faiblir dans ses convictions ou se plaint, il est soumis à un interrogatoire de sécurité élaboré en 1961 et connu sous le nom de « Johannesburg Security Check ». Quatre cents questions inquisitoriales : « As-tu couché avec un membre d'une race d'une autre couleur [que la race blanche] ? « Penses-tu que le communisme ait des aspects positifs ? » « As-tu eu des relations sexuelles avec un animal ? » « As-tu eu des relations homosexuelles ? »...

Vive les dictatures !

Août 1968 : la Sea Org est ancrée à Corfou, en Grèce. Un an plus tôt, les militaires se sont emparés, dans le sang, du pouvoir. Partout dans le pays, on arrête, on torture, on emprisonne. Et on fusille. Hubbard ne s'en émeut pas. Tout au contraire, il déclare à un journaliste du quotidien local *Ephimeris ton Idisseon* que la constitution édictée par les colonels grecs est « la meilleure de toutes les constitutions modernes [1] ».

Le commodore envisage d'ailleurs de s'installer sur l'île et d'ouvrir une université. Déjà, les scientologues de Saint-Hill ont rejoint sur place leurs camarades de la Sea Org. Les autorités grecques s'inquiètent. D'autant que les scientologues n'ont sollicité aucune autorisation. C'est un incident avec la Marine américaine qui va mettre un terme définitif à

1. Russel Miller, *Bare-faced Messiah*, *op. cit.*, p. 291.

ces projets d'installation. Le 6 mars 1969, la 6e flotte US fait escale à Corfou. Un détachement de marines prend position autour du quai où est amarré l'*Apollo,* le « navire amiral » de la Sea Org. Interdiction absolue est faite aux marins de l'US Navy d'avoir le moindre contact avec les scientologues. Les autorités grecques tiennent enfin leur prétexte. Deux semaines plus tard, Hubbard et sa flotte se voient accorder trente-six heures pour quitter le pays. Le commodore, on s'en doute, est furieux. D'autant que c'est la seconde fois qu'une dictature lui claque la porte au nez. En 1966, quelques mois avant que la Sea Org ne s'élance sur les mers, Hubbard s'était en effet rendu en Rhodésie. Ancienne colonie britannique, le pays venait de proclamer son indépendance, jusqu'alors refusée par la Grande-Bretagne en raison de la politique d'apartheid menée par le Premier ministre Ian Smith.

Hubbard pense alors trouver en Rhodésie un « environnement sain ». Entendez, un pays où l'état-major de la scientologie soit enfin en sécurité. Sur place, il fait la tournée des responsables politiques, se présentant chaque fois comme une autorité scientifique. Introduit dans les premiers cercles du pouvoir, il soumet un projet de constitution à Ian Smith. Le texte abolit officiellement l'apartheid. Mais, dans les faits, il le maintient : pour être éligible, les candidats doivent justifier d'un niveau de revenu que seuls les Blancs peuvent atteindre. Hubbard en fait trop. Et agace. En juillet 1966, les autorités rhodésiennes refusent de lui renouveler son visa de séjour. Il doit quitter le pays.

Ces deux échecs n'ôteront pas à Hubbard son goût pour les régimes d'« ordre ». Au début des années soixante-dix, les scientologues se rapprocheront ainsi du Maroc d'Hassan II. L'histoire débute en juin 1971. La flotte scientologue relâche dans un port de la côte marocaine. Une jeune adepte, Susan Meister, qui a rejoint l'Apollo depuis quatre mois, se suicide dans des circonstances encore aujourd'hui mal éclaircies.

Les policiers chérifiens, saisis de l'affaire, se contentent d'entériner la version des scientologues. Susan Meister sera inhumée sans que ses parents en aient été avertis. Accouru sur place, son père obtiendra que le corps soit rapatrié aux États-Unis. Grâce au consul américain, il sera également autorisé à visiter la cabine de sa fille à bord de l'*Apollo.* Mais l'enquête sur les circonstances du décès ne sera pas rouverte.

Pareille absence de curiosité ne pouvait que séduire Hubbard. Le commodore décide de s'installer à terre. Au début de l'année 1972, un immeuble est acheté à Tanger au nom de la firme Operation and Transport Corporation, la société derrière laquelle se dissimule à cette époque la Sea Org. Les scientologues ont pour consigne de nouer des contacts dans tous les secteurs de l'appareil d'État [1]. Une première tentative pour former le personnel des postes aux techniques scientologues échoue. Un général sera ensuite approché. Il se montrera prêt à collaborer avec les scientologues. Hélas! pour la secte, l'officier, impliqué dans un putsch contre Hassan II, se suicidera peu après.

Les liens établis avec des agents de la police politique marocaine s'avéreront plus payants. Plusieurs d'entre eux seront entraînés par les scientologues qui leur apprendront notamment à utiliser l'électromètre pour détecter les « subversifs » lors des interrogatoires... La lutte entre les factions pro- et anti-Hassan II au sein de la police mettront fin à cette collaboration en décembre 1972.

Opération Snow White

Hubbard craint d'être inquiété. Cela fait deux fois qu'il se retrouve du côté des opposants au roi. Il faut partir. Hubbard s'envole pour Lisbonne. Le reste des scientologues le rejoindra en bateau.

1. Jon Atack, *A Piece of Blue Sky*, *op. cit.*, p. 203.

Après quelques jours passés à se cacher dans la capitale portugaise, le commodore décide de rentrer aux États-Unis. Cap sur New York. Hubbard voyage avec de fausses pièces d'identité. L'Internal Revenue Service (IRS), le fisc américain, a en effet engagé une série de procédures contre l'Église. Ses agents seraient trop heureux de pouvoir enfin faire comparaître le patron de la secte devant un tribunal. Pendant un an, Hubbard va donc vivre en clandestin. Changeant sans cesse d'appartement, il communique avec l'Église par l'intermédiaire du Bureau du gardien qui transmet ses messages en code.

Situation totalement paradoxale. L'Église a pignon sur rue, mais son chef doit se cacher. Il faut y mettre un terme. Stopper les attaques de l'IRS. Ou du moins les contrecarrer. Un seul moyen : infiltrer l'agence fédérale. L'opération Snow White commence.

Un véritable Watergate. La secte a pillé pendant des mois les archives les plus secrètes de onze administrations fédérales : le Trésor, le département de la Justice, du travail, l'Office de répression du trafic de drogue, etc. Sans oublier quelques extras comme le cambriolage du siège de l'Association médicale américaine (AMA) ou le bureau de l'Attorney général des États-Unis, l'équivalent américain de notre ministre de la Justice.

Snow White a débuté en septembre 1973... Maître d'œuvre, la propre femme de Ron Hubbard, Mary Sue, alors chef du Bureau du gardien. L'espion qui, pendant quatre ans et malgré les risques, photocopiera ou filmera des milliers de documents s'appelle Michael Meisner. Entré dans la secte trois ans plus tôt, il a été immédiatement affecté au Bureau du gardien et soumis à un endoctrinement intensif.

Meisner va commencer par introduire une taupe au sein de l'Internal Revenue Service : un modeste sténotypiste. Grâce aux documents d'identification de ce dernier, l'espion fabrique plusieurs faux laissez-passer pour lui et la petite équipe qui l'accompagnera dans ses expéditions. Il ne leur reste plus qu'à se présenter après la fermeture des bureaux, prétexter une affaire urgente, et s'installer devant la photocopieuse. Aussi simple que ça.

Tellement simple que les « plombiers » de la secte vont s'enhardir. Les fonctionnaires du fisc sont en effet autorisés à consulter les dossiers de la plupart des administrations américaines. Pourquoi ne pas essayer, se dit Meisner. Et là encore, ça marche. Déconcertant de facilité. Le manège se poursuivra jusqu'en 1977. Les agences fédérales, qui commencent à trouver les scientologues trop bien informés sur les procédures en cours, chargent le FBI d'ouvrir une enquête. On vérifie systématiquement les registres des entrées et des sorties des grandes administrations. Rapidement, les agents fédéraux repèrent les faux noms utilisés par Meisner et son équipe. Les visiteurs du soir n'auraient rien eu à craindre si le sténotypiste infiltré au sein de l'IRS n'avait commis l'erreur d'utiliser sa vraie carte d'accréditation pour guider les espions lors de leurs incursions. Les enquêteurs font immédiatement le rapprochement. La taupe est arrêtée et livre le nom de son chef.

A l'Église, c'est la panique. Il faut escamoter Meisner. Car, en partant de lui, on peut remonter jusqu'à Mary Sue Hubbard, voire jusqu'à Ron lui-même. L'espion est placé en résidence surveillée par ses propres camarades. Il parvient néanmoins à s'échapper et s'enfuit à Las Vegas. Réfugié dans un hôtel minable, Meisner hésite sur la conduite à tenir. Ses supérieurs ont été formels : en cas d'arrestation, il devra assumer seul les conséquences de ses actes. L'Église niera avoir organisé l'opération. Bref, il est lâché. Perdu pour perdu, Meisner se résigne à appeler le FBI et propose sa collaboration en échange d'une réduction de peine. Le 7 juillet 1977, le FBI investit les locaux de l'Église à Washington et à Los Angeles, saisissant des milliers et des milliers de documents.

Mary Sue Hubbard et dix autres dirigeants scientologues sont inculpés au cours des semaines suivantes. Le procès tournera au marathon, puisque commencé en 1979, il ne s'achèvera qu'en 1983. Verdict : cinq ans fermes de prison et de fortes peines d'amendes pour chacun des inculpés. Tous ont aujourd'hui recouvré la liberté.

Ron ne sera pas inquiété. Il est vrai que, dès le mois de décembre 1973, il n'était plus aux États-Unis. Le commodore est en effet retourné à Lisbonne où est amarré la Sea Org. Pendant quelques mois, la flotte va caboter le long des côtes ibériques.

Le 25 avril 1974, éclate la « révolution des œillets ». Le dictateur Salazar est renversé par les jeunes officiers portugais. Très vite, le nouveau pouvoir est intrigué par la flotte scientologue. Ces étranges bateaux chargés d'Américains n'appartiendraient-ils pas à la CIA ?

La population, elle, en est persuadée. En octobre 1974, alors que la Sea Org mouille dans le port de Madère, des incidents éclatent. Un groupe de manifestants se rassemble devant les bateaux et scande : « CIA ! CIA !... » Les premières pierres se mettent à voler. Les véhicules des scientologues sont jetés à la mer. L'équipage tente de riposter avec des lances à incendie. En vain. La nuit seule mettra fin à la bataille rangée.

Dès le lendemain, la Sea Org lève l'ancre. Cap sur les Caraïbes où la flotte va errer pendant encore près de un an. Hubbard, dont l'état de santé s'est détérioré, est hospitalisé à Curaçao. Décision est prise de rallier définitivement la terre ferme. Au printemps 1975, la Sea Org regagne les États-Unis par petits groupes [1]. Il faut en effet éviter de donner l'éveil aux autorités.

1. La tradition de la Sea Org sera maintenue après l'abandon de la flotte. Les officiers continueront en particulier d'arborer l'uniforme blanc en vigueur sur les navires scientologues. La Sea Org rassemble aujourd'hui l'élite des permanents de l'Église. Le contrat d'engagement pour un milliard d'années est toujours en vigueur...

Sac à terre !

Clearwater, Floride, octobre 1975. Une mystérieuse société, la Southern Land Sales and Development achète un des plus importants immeubles de la ville, le Fort Harrison. Les acquéreurs paient comptant et en billets : 2,3 millions de dollars.

Quelques jours plus tard, un second bâtiment est acheté dans les mêmes conditions pour la somme de 550 000 dollars. Intrigués, les journalistes locaux commencent à enquêter. Très vite, ils découvrent que, derrière la société Southern Land – qui n'est inscrite sur aucun registre du commerce –, se dissimule l'Église de scientologie.

La secte décide de prendre les devants et révèle en janvier 1976 qu'elle est la véritable propriétaire des bâtiments de Clearwater, baptisés Flag (le drapeau). Hubbard, lui, s'est installé secrètement à une dizaine de kilomètres de là, sur la côte. Les reporters ne seront pas longs à le débusquer.

Ron et Mary Sue reprennent leur errance. Washington DC, Los Angeles... A la fin de 1976, Hubbard décide de se fixer à la Quinta, à trente minutes de Palm Spring. Le ranch où il a élu domicile avec sa suite a été acheté 1,3 million de dollars. Les scientologues condamnés au Rehabilitation Project Force, les travaux forcés en usage dans la Sea Org, se chargent de l'aménagement.

Hubbard séjournera dans cette retraite jusqu'en 1980. Son état de santé ne cesse de se détériorer. Il continue néanmoins de diriger la secte par l'intermédiaire des « messagers du commodore », une garde prétorienne d'adolescents, créée à l'époque de la Sea Org.

En novembre 1977, s'ouvre à Paris le premier grand procès contre l'Église de scientologie en France. Depuis 1970, les plaintes pour escroquerie n'ont cessé de s'accumuler. Une instruction a été ouverte. A l'issue de celle-ci quatre responsables de la secte ont été inculpés d'escroquerie : Jacqueline Valentin, ancienne présidente de l'Église ; Henry Laarhuis, de nationalité néerlandaise, directeur exécutif à Paris de l'Église ; Georges Andreu, président de l'Église à cette époque, et Lafayette Ron Hubbard lui-même !

Seul Georges Andreu se présentera à l'audience. Le 14 février 1978, la 13e chambre correctionnelle du tribunal de grande instance de Paris condamne Hubbard à quatre ans de prison ferme et 35 000 francs d'amende ; Henry Laarhuis à trois ans de prison et 15 000 francs d'amende ; Jacqueline Valentin à deux ans de prison et 10 000 francs d'amende (toutes condamnations prononcées par défaut).

Georges Andreu s'en sort mieux : il est condamné à un an de prison avec sursis et 3 000 francs d'amende. Ayant fait appel, il sera relaxé le 29 février 1980. Ses coaccusés, à l'exception de Hubbard, feront opposition. Le tribunal correctionnel de Paris prononcera leur relaxe à l'issue des audiences du 21 décembre 1981 et du 13 juillet 1982. Jusqu'à sa disparition le 24 janvier 1986, Hubbard restera donc sous le coup d'une condamnation pour escroquerie.

En octobre 1979, Mary Sue est condamnée dans le cadre du procès Snow White. Ron craint pour sa sécurité. Il se méfie de tout le monde.

Il repart pour une nouvelle cavale. La dernière, cette fois. Plus personne ne reverra le fondateur de la scientologie jusqu'à sa mort. Deux messagers vont l'accompagner dans cette fuite : Pat Broeker et sa femme. Les seuls en qui il ait confiance. Ils vont être le dernier trait d'union entre l'Église et son chef.

Pat Broeker va réorganiser de fond en comble l'Église. Il faut la doter de structures lui permettant de survivre à la disparition du fondateur. Un véritable conseil d'administration est mis en place dès 1982, le Religious Technology Center (RTC). Contre une somme de 80 millions de dollars, la structure est devenue propriétaire des appellations commerciales

« Scientologie », « Dianétique », « Ron Hubbard » ainsi que des droits de reproduction des œuvres du fondateur. Broeker pense ainsi préserver la secte d'une guerre de succession. Les absences de Hubbard ont en effet aiguisé les appétits des barons de la scientologie.

L'un d'entre eux va cependant réussir à prendre l'ascendant sur ses pairs. David Miscavidge, 20 ans, fils de scientologues, né et élevé dans la secte. Entré à 14 ans dans les messagers du commodore, c'est lui qui transmet les consignes de Pat Broeker au reste de la hiérarchie de l'Église. Un poste de choix, puisque personne n'a les moyens de vérifier que les ordres émanent réellement de Broeker et Hubbard.

A son tableau de chasse, il a déjà Mary Sue Hubbard, la femme de Ron. Prenant prétexte de sa condamnation par la justice américaine et des impératifs de sécurité de l'Église, il l'a déchargée de toute responsabilité.

C'est en janvier 1983 que Miscavidge accomplit son coup de force : 611 responsables scientologues sont exclus de l'organisation. Parmi eux, David Mayo, le plus haut responsable de l'Église après Hubbard. Scientologue depuis 1957, il avait personnellement été chargé par Hubbard, avant que celui-ci ne reparte pour sa dernière errance, de veiller à la préservation de la « pureté de la scientologie ». Une mission qui, de fait, l'intronisait comme le successeur officiel du fondateur.

David Miscavidge a aujourd'hui 32 ans. Des 7 hiérarques scientologues qui composaient le directoire du RTC en 1982, il ne reste plus que lui. La secte, elle, a survécu à la mort de son fondateur. Désormais, plus rien ne peut l'arrêter. Elle a l'éternité devant elle.

3

PROPAGANDE NOIRE ET ESPIONNAGE

> Vous devez constamment essayer d'apporter plus de pouvoir à celui qui le détient. Cela peut consister à lui procurer davantage d'argent, à lui rendre la vie plus facile, à le défendre bec et ongles contre les critiques, à éliminer l'un de ses ennemis par une nuit sombre ou même à lui offrir le spectacle grandiose de tout un camp ennemi en flammes, pour son anniversaire.
>
> Lafayette Ron HUBBARD [1]

« C'est un bon praticien ? »

Le manège avait fini par intriguer le buraliste du boulevard de Strasbourg à Toulon. Certes, il était déjà arrivé qu'on lui demandât des renseignements sur le docteur Jean-Marie Abgrall, qui exerçait à deux pas de là. Mais jamais aussi fréquemment qu'en cette fin du mois de septembre 1990. En l'espace de une semaine, cinq ou six personnes, se présentant comme des patients potentiels, avaient questionné avec insistance le cafetier sur l'expert-psychiatre auprès de la cour d'appel d'Aix-en-Provence : « C'est un bon praticien ? Personne ne s'est jamais plaint de lui ? Combien de clients reçoit-il chaque jour ? »

1. Lafayette Ron Hubbard, *Scientologie-Introduction à l'éthique,* New Era Publications International, Copenhague, 1989. Chapitre sur « La responsabilité des leaders », p. 249.

En apprenant la chose, le docteur Abgrall tiqua. Aucun de ces supposés patients ne s'était présenté à son cabinet. En revanche, la description d'un des personnages en quête d'informations correspondait à celle d'un énergumène qu'il avait été obligé de mettre à la porte, quelques jours plus tôt. A peine entré dans la salle d'attente, ce « client » s'était répandu en vociférations contre les psychiatres qu'il avait taxés de « criminels » et de « fous ».

Jean-Marie Abgrall n'était pas homme à s'alarmer. Ce bon vivant à la carrure de pilier de rugby avait trop l'habitude de décortiquer les angoisses des autres pour céder à son tour à la paranoïa. Mais cette enquête sur ses activités venait s'ajouter à une chaîne d'incidents qui commençait à devenir inquiétante.

On avait d'abord volé une partie de son courrier pendant les vacances. Vol qu'Abgrall venait juste de découvrir. Plusieurs sociétés lui réclamaient en effet des expertises qu'elles affirmaient avoir demandées par courrier pendant l'été. Or ces lettres, l'auxiliaire de justice ne les avait jamais reçues. Une négligence des PTT ? Non, des courriers postés à la même date que les demandes d'expertise des sociétés étaient, eux, parvenus à leur destinataire. Résultat de ce détournement, 250 000 francs de contrats perdus...

Puis il y eut les appels téléphoniques anonymes. A toute heure du jour ou de la nuit. Au bout du fil, le correspondant restait muet. Ou, à l'inverse, commentait avec un luxe de détails, la vie quotidienne de la famille Abgrall : « Il faudrait tailler les haies de ta maison », « Ton chien, c'est bien un briard ? » « Le gamin est encore rentré en retard de l'école »...

A plusieurs reprises, encore, la voiture du psychiatre avait été prise en filature. Ostensiblement... A la même époque, le docteur Abgrall constata également la disparition d'un de ses blocs d'ordonnance.

Bref, on cherchait à l'intimider. Qui ? Et pourquoi ? « J'ai tout de suite pensé aux scientologues, raconte le praticien toulonnais. De tous les dossiers sur lesquels j'étais en train de travailler, c'était le seul qui puisse justifier pareil acharnement contre ma famille et moi. » Quelques mois plus tôt, en mai 1990, le juge marseillais Carole Sayouz, qui venait d'interpeller une vingtaine de scientologues de la région à la suite de plaintes répétées, avait confié à l'expert-psychiatre une mission délicate : étudier les quelque quatre cents dossiers saisis dans les différents locaux de l'Église, établir un rapport général sur les thérapies de la scientologie et procéder à l'examen psychiatrique d'une quinzaine d'inculpés et de victimes.

Une expertise qui jouerait un rôle déterminant dans le procès. En se prononçant sur la validité scientifique de l'audition et autres procédés de purification, elle permettrait à la justice d'établir si la scientologie en tant que telle était ou non une escroquerie.

« Après l'affaire du bistrot, reprend le docteur Jean-Marie Abgrall, j'ai décidé de porter plainte pour persécution et vol de correspondance. Contre X, bien sûr. Je n'avais aucun nom. Ni aucune preuve de la responsabilité des scientologues. Mais j'espérais qu'ainsi les pressions cesseraient. »

C'était mal connaître les scientologues. Les attaques reprirent au début de l'année suivante. Plusieurs confrères d'Abgrall lui signalèrent avoir reçu des appels d'un mystérieux Comité des citoyens pour les droits de l'homme, en fait l'un des nombreux paravents de l'Église. Au bout du fil, un certain Patrick Ranchoux avait affirmé à ses interlocuteurs que le docteur Abgrall rédigeait des expertises truquées en échange de pots-de-vin. Accusation totalement fantaisiste.

« Cette fois, j'avais un nom, explique Abgrall. Quelques vérifications rapides m'ont permis de constater que ce Patrick Ranchoux existait bien et était scientologue. J'ai aussitôt porté plainte pour diffamation avec constitution de partie civile. »

Oubliant toute prudence, les scientologues avaient jeté le masque. La raison de cette précipitation ? La remise par le psychiatre en novembre 1990 d'un premier rapport de cent cinquante pages sur « Les techniques de la scientologie, la doctrine dianétique, leurs conséquences médico-légales ». Un rapport dont la conclusion est sans appel : *La scientologie est une secte pratiquant des techniques médicales et paramédicales essentiellement psychiatriques. Son idéologie est basée sur l'endoctrinement, la manipulation mentale et la soumission. L'argument religieux n'apparaît que comme une couverture destinée à masquer des intérêts économiques. Elle s'applique à une population psychologiquement fragile ou immature. Elle peut avoir des conséquences graves, voire dramatiques, en amenant le sujet à la folie ou à la mort. Elle n'est jamais bénigne dans ses conséquences. Elle peut avoir recours à des manœuvres d'intimidation par rapport aux personnes extérieures qui par leur activité freinent son expansion.* Des manœuvres qui portent un nom en scientologie : la « propagande noire ». *S'il se présente une menace à long terme, vous devez immédiatement évaluer la situation et provoquer une campagne de propagande noire afin de détruire la réputation de la personne et la discréditer de telle manière qu'elle soit mise au ban de la société,* recommande ainsi Ron Hubbard dans une lettre de règlement de 1974 [1]. Qu'est-ce que la propagande noire ? « L'attaque cachée de la réputation d'une personne, d'une société ou d'une nation en se servant de la diffamation et de mensonges » explique le fondateur de l'Église dans une autre circulaire intitulée « Comment manier la propagande noire : rumeurs et campagnes de chuchotements » (1972).

1. Hubbard Communication Office, lettre de règlement du 30 mai 1974.

Les listes noires de l'Église

C'est l'Organisation des affaires spéciales, OSA, qui se charge de cette besogne. A cet effet, elle dresse régulièrement à grand renfort d'ordinateurs une liste de tous ceux qui, un jour, ont dénoncé les activités de l'Église : hommes politiques, avocats, journalistes, anciens disciples, militants des associations antisectes... Une liste qui en fait une véritable mise à prix des adversaires de la secte. Ceux-ci sont classés selon le montant – réel ou estimé – des sommes qu'ils ont fait perdre à la secte par leurs écrits, interventions ou actions en justice.

Examinons une de ces listes pour mieux comprendre comment fonctionne le système : celle du 12 mai 1988. Elle a été établie par Jean-Paul Chappelet, alors chef d'OSA, Martin Weightman son assistant (aujourd'hui affecté au « Bureau Europe » de la secte à Bruxelles) et Pascal Parizot, le patron du Service investigation du département. Premier nom, celui d'Alain Vivien, député socialiste de Seine-et-Marne, auteur en 1983 d'un rapport parlementaire intitulé « Les Sectes en France », qui consacre de nombreuses pages à la scientologie.

Chacune de ses interventions, chacun de ses écrits est soigneusement répertorié. Et crédité d'un certain nombre de points selon sa gravité. Les scientologues reprochent ainsi au parlementaire son rapport (3 points), les articles de presse entraînés par la publication de ce document (100 points), un procès en diffamation (3 points) et différents déboires derrière lesquels ils voient sa main : contrôles de l'URSSAF (4 points), de l'inspection du travail (11 points), redressements fiscaux (44 points), plaintes diverses contre l'Église et ses succursales (3 points). Sans oublier la propre personne du parlementaire estimée à un point. Total 169 points.

Des points qui sont de véritables unités de compte. Chacun d'eux vaut en effet 932 dollars (taux en vigueur en mai

1988). Ce qui porte la tête d'Alain Vivien à... 157 508 dollars. Le montant du préjudice entraîné par l'action du parlementaire selon les scientologues...

Sur cette liste, on trouve encore Chantal Carrière, une ancienne adepte de l'Église passée à « l'ennemi », l'ADFI – une des deux organisations antisectes françaises –, qui avec un total de 147 points occupe la seconde position. Suivent Antoine Weil (4e position, 36 points), avocat à plusieurs reprises des associations antisectes ; Françoise d'Eaubonne (9e position, 11 points), journaliste et écrivain auteur d'un livre intitulé : *S comme sectes* : Solange Jeandroz (10e position, 10 points), la responsable d'une association grenobloise antisectes, L'Alouette ; Roger Gonnet (13e position, 6 points), un ancien président de l'Église de scientologie de Lyon, auteur d'un témoignage accablant contre la secte ; le prêtre Jacques Trouslard de l'évêché de Soisson (15e position, 6 points), spécialiste des sectes ou encore le journaliste Gilbert Picard (17e position, 5 points), auteur d'un livre intitulé *L'Enfer des sectes*.

Ce système de notation s'applique à l'ensemble des activités de la secte. Tous les jeudi matin, les dirigeants de l'Église viennent à tour de rôle présenter leur rapport aux responsables d'OSA, retranchés dans leur bureau au 3e étage du 65 rue de Dunkerque à Paris. Effectifs, ventes de livres, de cours, procès, factures, dépenses, amendes, articles de presse – favorables ou défavorables –, contact avec des personnalités, tout est passé en revue. Et transformé en points négatifs ou positifs selon de complexes grilles d'évaluation.

Le rapport – y compris la liste des adversaires de la scientologie – est ensuite transmis à OSA international, qui à son tour le communique à Flag, le commandement mondial de la secte, installé à Clearwater en Floride.

Chaque branche nationale est en compte permanent avec le siège international. Un compte à deux colonnes, débit et crédit. La différence entre les deux résultats permet d'évaluer l'état de santé de l'organisation considérée. Une Église avec de gros effectifs, donc avec de grosses rentrées d'argent, mais en butte à de nombreux procès ou à des campagnes de presse « hostiles » pourra ainsi afficher un solde très nettement inférieur aux sommes effectivement encaissées. Exposant ses responsables à des sanctions immédiates. Pour redresser la situation, ces derniers peuvent certes porter leurs efforts sur un accroissement du recrutement. Mais la chose n'est pas toujours facile. Le total des points de la liste examinée plus haut représente ainsi un passif de 530 908 dollars. Soit un peu plus de 3 millions de francs... Seule solution pour effacer l'ardoise : neutraliser l'attaque. Et ce, le plus rapidement possible. Car tant qu'elle n'a pas été « maniée », comme disent les scientologues, elle continue de produire des points négatifs. Un livre ou un article de presse hostile peuvent en effet dissuader un gogo de rejoindre la secte, même plusieurs mois, voire plusieurs années, après avoir été publiés. Un procès gagné contre l'Église, lui, freinera à jamais d'éventuels adeptes. Les scientologues ne peuvent donc rien laisser passer sauf à voir à la longue leurs comptes s'effondrer. Il leur faut faire disparaître ce manque à gagner potentiel. Autrement dit, « manier la propagande noire ».

Pour contrer les adversaires de l'Église, qualifiés de « gibiers de potence », les chasseurs de prime d'OSA ne reculent devant rien. Une circulaire du 7 octobre 1962 autorise en effet tout scientologue à « spolier de ses biens, mystifier, poursuivre en justice, blesser ou détruire » un individu ayant été décrété « gibier de potence ».

Le dossier Darcondo

Julia Darcondo, une ancienne adepte classée en 6e position avec 16 points (14 912 dollars) sur le listing des « gibiers de potence », a fait la triste expérience des méthodes d'OSA. En

1987, elle dépose aux éditions du Trident un manuscrit *Voyage au centre de la secte,* qui retrace les dix années qu'elle a passées parmi les scientologues. Un récit extrêmement documenté qui met en évidence le caractère totalitaire de la scientologie. Aussitôt, OSA prend contact avec l'éditeur, Jean-Gilles Malliarakis, et lui propose... 500 000 francs pour qu'il renonce à publier le livre de Darcondo. « Mais j'ai refusé, raconte ce dernier. Je suis bien plus cher que ça ! »

Les agents d'OSA ne se découragent pas. Quelques jours plus tard, ils reviennent à la charge, munis cette fois d'un dossier. Et quel dossier ! A en faire pâlir d'envie toutes les polices de France. Toute la vie de la scientologue défroquée y est passée en revue, année par année. Extrait d'acte de naissance, études, mariage, enfant, emplois successifs, bulletins de salaires, relevés d'identité bancaire, adresse des différents domiciles, rien ne manque. Ni les sympathies de l'ancienne adepte pour l'extrême droite ni même les détails croustillants de sa vie amoureuse. Un échange de correspondance entre elle et son amant, Yul Rugga, est même joint en annexe. Et pour le plus grand bonheur des scientologues, il se trouve que celui-ci, de son vrai nom Francis Ceccaldi, dirige une... secte luciférienne, la Wicca. L'occasion de joindre au dossier quelques photos de jeunes filles fort dévêtues, prises lors des rituels d'initiation. Les activités professionnelles de Julia Darcondo, de son vrai nom Marie-José Dasquet, n'ont pas été oubliées. Après son départ de l'Église, l'ancienne adepte a fondé en mai 1986 une société de gardiennage, Ambassy, en compagnie de quelques associés. Société dont les statuts et la répartition du capital sont bien entendu joints au dossier. Là encore, la méconnaissance des milieux d'extrême droite par les scientologues a préservé Darcondo d'une exploitation de ce document. Son principal associé, Michel Schneider, était à l'époque le bras droit de Jean-Pierre Stirbois, dirigeant en vue du Front national, qui disparaîtra accidentellement un an plus tard.

Si les barbouzes d'OSA se sont visiblement donné du mal pour rassembler ces informations, ils n'ont pas eu en revanche à chercher bien loin les détails sur la vie privée de Julia Darcondo qui pimentent leur dossier. Ces derniers sont en effet extraits des comptes-rendus des auditions, ces séances d'analyse plus qu'inquisitoires auxquelles se livrent quotidiennement les scientologues. L'une de ces confessions particulièrement douloureuse est d'ailleurs reproduite in extenso dans le dossier.

Plus grave, les limiers de la scientologie ont découvert que Darcondo avait eu quelques démêlés avec la justice avant de rejoindre l'Église. Une aubaine qu'ils ont su exploiter, à en juger d'après la qualité des pièces produites : l'intégralité ou presque des dossiers de l'accusation ! Des documents qui n'auraient jamais dû sortir des greffes des tribunaux. Mais la scientologie fait des « miracles »...

Avec ces informations, les scientologues ont confectionné une brochure. Un opuscule, on s'en doute, bien peu flatteur pour Darcondo. Repris de justice, activiste d'extrême droite, adoratrice de Lucifer, femme aux mœurs dissolues : le portrait de l'hérétique est « soigné ». De quoi saboter le lancement de son livre. « Si vous publiez le manuscrit de Darcondo, déclarent en substance les émissaires d'OSA lors de leur entrevue avec Jean-Gilles Malliarakis, l'éditeur, nous faisons paraître notre brochure. » Un procédé qui ressemble furieusement à du chantage. Et qui suit à la lettre les recommandations de Hubbard : *Si vous êtes attaqués sur un point vulnérable par quelque individu que ce soit, fabriquez ou trouvez une menace contre eux pour les amener à négocier la paix.* [...] *Ne vous défendez jamais, attaquez toujours.* (LRH, lettre de règlement 1960.)

Mais, voilà, le patron des éditions du Trident n'aime pas les menaces. Quelques semaines après, le livre impie est en librairie. Il est vrai que Malliarakis a les moyens de résister aux pressions. Éditeur de profession, il est aussi le chef du groupe d'extrême droite Troisième Voie. Une troupe de cogneurs, puisque cette organisation recrutait à l'époque dans les milieux skinheads. Prudents, les scientologues éviteront de remettre les pieds dans sa boutique. Quant à la brochure d'OSA, elle ne sera finalement distribuée que sous le manteau. Julia Darcondo, elle, retrouvera plusieurs fois les pneus de sa voiture crevés. A la même époque, un appartement voisin du sien est cambriolé...

Le premier tirage épuisé, le livre sera réédité. Amputé des deux derniers chapitres. Commerçant avant tout, Malliarakis a estimé que ces derniers étaient par trop antisémites et antifrancs-maçons, même pour un éditeur d'extrême droite comme lui. Réaction avisée, mais tardive. A cause de ces pages fascisantes, *Voyage au centre de la secte* ne connaîtra jamais le succès qu'il aurait mérité.

« Allô ! Le FBI... ? »

Quand les scientologues n'ont pas de dossier pour faire plier leur victime, ils savent en fabriquer. Ce fut le cas en 1971 avec la journaliste américaine Paulette Cooper qui, la première, s'était risquée à dévoiler le vrai visage de la secte dans un livre intitulé *Le Scandale de la scientologie* [1]. Les avocats de l'Église ne déposèrent pas moins de dix-huit plaintes contre elle, certaines l'accusant d'avoir menacé de faire sauter des locaux de l'Église. Chaque nuit, des appels anonymes la tiraient de son sommeil. Dans la rue, des inconnus la prirent en filature. Ses voisins reçurent des courriers affirmant qu'elle avait été condamnée pour des attouchements sur des enfants. Des interlocuteurs anonymes la calomnièrent auprès de ses amis.

Ce n'était là qu'un début. Les agents du Bureau du gardien, l'ancêtre d'OSA, montèrent contre elle une véritable machination. Une opération baptisée « *Freak Out* », et qui avait pour objectif d'obtenir l'emprisonnement ou, mieux, l'internement de la journaliste dans un asile psychiatrique. Les scientologues menacèrent par téléphone des consulats arabes de New York en imitant sa voix. Puis ils adressèrent, toujours à ces mêmes consulats, des lettres de menaces derrière lesquelles il était facile d'identifier la journaliste. Ils répétèrent ensuite le manège en prenant cette fois pour cible Henry Kissinger, alors secrétaire d'État. Des menaces rédigées sur du papier à lettres subtilisé à la journaliste. Et qui portait donc ses empreintes.

Le FBI se mit en chasse. Avec d'autant plus de facilité que les scientologues se chargèrent d'« éclairer » les enquêteurs sur l'identité de la « coupable ». Résultat, Paulette Cooper fut traduite devant un tribunal et condamnée. Épuisée physiquement par le harcèlement des scientologues, sans travail depuis son inculpation et sa bourse vidée par les frais de justice (24 000 US $), la journaliste plongera dans une profonde dépression nécessitant un traitement psychiatrique. L'opération « *Freak out* » avait atteint son but...

Ce n'est qu'en 1985, à l'occasion d'un nouveau procès, que Paulette Cooper sera définitivement innocentée et réhabilitée. La scientologie afin de couper court proposera à la journaliste un règlement à l'amiable et lui versera 400 000 dollars d'indemnités. Il est vrai qu'entre-temps le FBI avait mis la main sur des documents de la scientologie établissant clairement la machination.

« On est souvent obligés de tuer ses ennemis... »

La violence des réactions de la scientologie découle directement de sa vision paranoïaque du monde. L'humanité se divise pour elle en trois grandes catégories. Les scientologues, les « Wog » et les « personnes antisociales ». Wog signifie Worthy Oriental Gentleman, c'est-à-dire honorable gentleman oriental. C'est l'expression péjorative qu'employaient les Britanniques pour désigner les Chinois dans leurs colonies. L'équivalent de notre « bougnoul » ou « bicot ». Tous les profanes, autrement dit la plupart des hommes, sont des Wog...

Viennent ensuite les « personnes antisociales ». 20 p. 100 de l'humanité affirme Hubbard – sur la base de quels calculs ? Cette catégorie se divise en deux groupes : les « suppressifs » (SP) qui ne dépassent pas la barre des 2,5 p. 100, et les « sources potentielles de troubles » (PTS). L'état de ces derniers, à la différence des suppressifs, est encore réversible. A condition, bien sûr, de s'en remettre à la scientologie. Qu'est-ce qu'un suppressif ? « Un fou », répond Hubbard. Irrécupérable. On le reconnaît à douze attributs bien particuliers. Le suppressif ne parle que par « vastes généralités », propage de mauvaises nouvelles, « terrorise » ses amis, les rend malades, ne réagit « ni à un traitement, ni à une tentative d'amendement, ni à une psychothérapie » et n'a aucun sens de la responsabilité ni de la propriété. Surtout, la personne suppressive se caractérise par son acharnement à ne soutenir que « les groupes destructifs. Elle s'emporte contre tous les groupes constructifs et voués au progrès et les attaque [1] ». Comme la scientologie... On l'a compris, la caractéristique principale du suppressif est de s'opposer à la scientologie, à l'instar des « gibiers de potence » évoqués plus haut.

Mais ce qui rend vraiment dangereux le suppressif, c'est qu'il contamine le reste de l'humanité. Il transforme par son comportement, voire sa seule présence, des gens sains en source potentielle de troubles. Pour reprendre le vocabulaire scientologue, il les « opprime », il les « aberre ». La maladie mentale devient ainsi chez Hubbard une maladie contagieuse. On reconnaît un PTS à ce qu'il est... malade. Le fon-

1. Bulletin du Hubbard Communication Office du 27 septembre 1966, « La Personnalité antisociale, l'antisociologue ».

dateur de la scientologie est formel : *Toute maladie, dans une mesure plus ou moins grande, ainsi que toute perturbation, proviennent d'une condition PTS.* (Circulaire : « Comment traiter les PTS », 1973). Un rhume, un mal au dos, un accident de circulation, des retards chroniques ou un simple coup de fatigue sont autant de signes qui indiquent la proximité d'un suppressif. S'ils se prolongent, l'adepte se voit « assigner une condition PTS ». En clair, il est mis en quarantaine. Ses camarades n'ont plus le droit de lui adresser la parole. Les cours lui sont interdits. Il ne pourra réintégrer la secte que lorsqu'il sera parvenu, grâce à des séances spéciales d'audition, à identifier le suppressif responsable de ses troubles. Souvent, comme par hasard, un parent ou un conjoint. L'adepte devra alors manier le cas : soit retourner la personne hostile, soit rompre avec elle.

Si un adepte manifeste des réticences, s'éloigne de la secte ou rompt carrément avec elle, c'est encore parce qu'un suppressif l'a influencé. Pour les scientologues, quelqu'un de sain ne peut pas envisager de quitter l'Église. Il y a forcément une pression extérieure. Pression qu'OSA est chargée d'identifier, voire de neutraliser. La police politique de l'Église répertorie ainsi régulièrement les suppressifs qui font partie de l'entourage des adeptes. Comme dans ce rapport du 11 juin 1990 [1] :

Angers : Claudine B. La mère est connectée avec l'ADFI. Claudine a été placée en hôpital psychiatrique. Elle est maintenant sortie. Elle a demandé son remboursement. [...]

Saint-Étienne : Thierry G. L'entreprise de sa femme a fait faillite. Le père est très hostile [...] *Alain de R. : Le père aurait déposé une plainte à Aix. A vérifier.*

Clermont : W. Elle a payé environ 200 000 francs au centre de Clermont. C'était la part de son héritage. Le mari n'est pas d'accord et veut porter plainte. [...]

Toulouse : J. Son mari est hostile. Il est en relation avec

1. Nous n'avons reproduit ici que l'initiale des noms de famille.

le conseiller général Merric qui semble disposé à l'aider. [Georges Meric, conseiller général socialiste de Nailloux dans la Haute-Garonne.]

Lyon : Laurent Q. Il a quitté le staff il y a quelques mois. Ses parents sont venus au centre et ont fait du scandale parce qu'ils ne l'ont pas trouvé. Ils sont en relation avec l'ADFI [une des deux organisations antisectes françaises]. [...]

Paris : Jean C. Sa femme est en relation avec l'ADFI. Elle a menacé de le poursuivre en justice (il a un bar de nuit) Celebrity Center Paris : Charles C. Il a souscrit 87 demandes de prêts. Il a encore un million de francs de dettes bien que l'Association internationale des scientologues l'ait remboursé. Il boit et ne travaille pas [...].

La lutte contre les suppressifs est une question de vie ou de mort. C'est là un point fondamental de la théorie de Hubbard : les suppressifs nous tuent ! Il est donc légitime de leur livrer une guerre sans merci. *La vie n'est pas une scène de théâtre où l'on se livre au cabotinage* [...], écrit Hubbard dans son *Introduction à l'Éthique,* Elle *est faite de sang, de larmes et de souffrances. On est souvent obligé de tuer ses ennemis en attendant que vienne l'âge d'or* [1].

Les détectives de la secte

Sans doute pour accélérer cet avènement d'un monde meilleur, l'Église de scientologie fait de plus en plus souvent appel à des professionnels pour mener ses campagnes de persécution. En l'occurrence, une équipe de détectives privés dirigée par Eugène Ingram, un ancien inspecteur de police de Los Angeles chassé de son corps en 1981 pour avoir « protégé » des prostituées et des dealers (accusations dont il a été blanchi plus tard sans toutefois être réintégré dans la police). En cas de pro-

1. *Introduction à l'éthique, op. cit.*. p. 244.

blème, il est ainsi plus difficile de remonter jusqu'à l'Église.

Un journaliste anglais, Russel Miller, auteur en 1987 d'une des meilleures biographies de Ron Hubbard, *The Bare-Faced Messiah* [1] a pu vérifier que ces spadassins étaient aussi efficaces que leurs maîtres. Quelques jours après la parution de son livre, des interlocuteurs anonymes l'accusèrent auprès de Scotland Yard d'être l'auteur de plusieurs crimes non élucidés. Les appels insistaient notamment sur la disparition de Dean Reed, un chanteur américain de pop music décédé dans des circonstances mystérieuses à Berlin-Est en 1986, vingt-quatre heures avant un rendez-vous avec Miller. Scotland Yard prendra très au sérieux ces accusations et entendra le journaliste à plusieurs reprises, avant de le disculper. Selon le *Sunday Times,* à qui un ancien responsable scientologue a ouvert ses archives, l'Église aurait versé près de 100 000 dollars à Eugène Ingram et ses sbires pour ce travail. Révélation jamais démentie par la scientologie... L'offensive de la secte ne s'est pas arrêtée là. Usant des lois américaines sur le copyright, les scientologues tentèrent d'empêcher la distribution du livre en Angleterre, aux États-Unis, et au Canada. Motif : Miller avait cité cent quarante et une fois des textes de Hubbard sans l'accord de l'Église. Un tribunal américain donnera raison sur le fond aux scientologues mais ne prononcera pas l'interdiction : la plainte de la secte avait été déposée bien après le délai de prescription.

La manœuvre se répétera en 1990 avec le livre de l'anglais Jon Atack, *A Piece of Blue Sky* [2], une saga extrêmement fouillée de la secte. Membre de l'Église pendant près de dix ans, Atack a eu accès à des documents jusqu'alors inconnus. Il ouvrira d'ailleurs ses dossiers à Russell Miller avant de se mettre lui-même à écrire. Ce geste lui vaudra d'être sous la

1. Russel Miller, *The Bare-Faced Messiah, op. cit.*
2. Jon Atack, *A Piece of Blue Sky, op. cit.*

surveillance constante des détectives d'Eugène Ingram tout au long de la rédaction de son manuscrit.

Arguant à nouveau du copyright, l'Église parviendra à faire interdire *A Piece of Blue Sky* en première instance. Atack obtiendra cependant l'annulation de cette décision en appel. En mai 1991, le célèbre hebdomadaire américain *Time* publie à son tour une longue enquête sur les réseaux de la secte. Un dossier qui, sous le titre « Scientologie, le culte de la cupidité », fait la couverture du magazine.

Son auteur, Richard Behar, comme il le raconte dans l'article, fut tout au long de ses investigations l'objet d'une étroite surveillance de la part des hommes d'Eugène Ingram. Pas moins de six détectives et dix avocats furent mobilisés pour le harceler et le discréditer. La plupart de ses relations seront ainsi interrogées sur sa situation fiscale, sa vie privée et sa santé. Au passage, les contractuels de la scientologie en profiteront pour distiller quelques calomnies...

Un des associés d'Eugène Ingram, Fred Wolson, réussira à se faire communiquer un rapport complet sur le compte bancaire, les crédits et les cartes bancaires du journaliste par le plus grand organisme de crédit américain, Trans Union. Deux autres agents d'Ingram, eux, se feront eux passer pour des amis d'une victime de la scientologie. La transcription de ces conversations sera présentée par les avocats de la secte devant un tribunal américain afin de prouver que Behar avait écrit son article avec l'intention manifeste de nuire. Après la publication de l'article, l'Église a fait paraître des pages entières de publicité dans le quotidien *USA Today*. Selon le *Washington Post*, cette campagne aurait coûté 3 millions de dollars.

Quelques mois plus tôt, en juin 1990, l'Église avait déboursé 1 million de dollars en affichage commercial pour contrer, cette fois, une série d'articles du *Los Angeles Times*. Les placards reprenaient hors contexte des phrases écrites par les journalistes, transformant ainsi des propos peu favorables à la secte en jugements flatteurs. Un détournement de sens inattaquable sur le plan juridique...

Il est vrai que, pour Hubbard, il n'y a rien de bon à attendre des journalistes. *Dans toute l'histoire de la scientologie, aucun des reporters qui nous ont interviewés ne nous a jamais aidés. C'est lorsqu'ils montraient les meilleures intentions du monde que leurs intentions étaient les plus mauvaises et nous avons toujours regretté de leur avoir parlé. Même si le reporter est très bien, son journal ne l'est pas et son histoire sera déformée. Nous avons agi pour le mieux lorsque nous avons envoyé promener les reporters, et le pire que nous ayons fait, c'est d'avoir été gentils.* (Hubbard Communication Office, 1966.)

Les avocats paient eux aussi leur tribut à la secte. L'un d'eux, Joseph Yanny, qui fut le défenseur de l'Église de 1983 à 1987 est depuis sa défection l'objet de menaces de mort et de plaintes en justice, notamment pour violation du secret professionnel. Il avait renoncé à défendre l'Église après que celle-ci lui eut demandé de l'aider à voler des rapports médicaux afin de faire chanter un avocat de la partie adverse. Récemment la Cour supérieure de Los Angeles a condamné la secte à lui verser 154 000 dollars à titre de dommages et intérêts.

Un autre avocat, Michael Flynn, qui assistait depuis 1979 les victimes de la scientologie à Boston, a vu l'Église déposer quatorze plaintes contre lui. Toutes ont abouti à un non-lieu. Mieux vaut être au service de la scientologie. On estime que la secte dépense chaque année 20 millions de dollars pour rétribuer la centaine d'avocats qui plaident sa cause devant les tribunaux. Ils ne manquent pas de travail. L'Église a engagé pas moins de soixante-et-onze procédures contre l'Inspection fédérale des impôts – l'Internal Revenue Service (IRS) –, au cours de ces dernières années. L'une d'elles, initiée par le successeur de Hubbard à la tête de l'Église, David

Miscavidge, a contraint l'agence fédérale à produire... 52 000 pages de documents.

Les suppressifs sont partout. Et parfois même dans les allées du pouvoir. Pour le plus grand malheur de la société. *Lorsque la structure juridique ou politique d'un pays devient telle qu'elle permet à ce genre de personnes* [les suppressifs] *d'occuper des portes de confiance,* écrit Hubbard, *toutes les organisations humanitaires de ce pays sont opprimées et il s'ensuit une vague de criminalité et de contraintes économiques barbares* [1]. Voilà pourquoi la scientologie est poursuivie par la justice et le fisc : parce que les suppressifs ont gangréné l'appareil d'État !

Aussi, reprend le fondateur de l'Église, *voyons-nous l'importance d'être à même au sein du gouvernement, de la police et du domaine de la santé mentale, pour n'en citer que quelques-uns de détecter et d'identifier la personne antisociale* [le suppressif], *de façon à protéger la société et les individus des conséquences destructives découlant de la liberté qu'on lui laisse de faire du tort aux autres.* Pour réaliser cette entreprise de salubrité sociale, un seul moyen : infiltrer les institutions. A Toronto, au Canada, onze dirigeants de l'Église sont poursuivis pour vol par les autorités. A l'issue d'une gigantesque rafle contre l'Église opérée en 1983, les enquêteurs se sont aperçus que parmi les... deux millions de documents saisis dans les locaux figuraient des rapports volés dans les bureaux de plusieurs administrations : le ministère de la Justice, le collège des médecins, la police de Toronto, celle de l'Ontario... Les policiers retrouveront également des dossiers subtilisés dans de grands cabinets d'avocats.

Depuis six ans, les défenseurs de la secte, experts en manœuvres procédurières, retardent le procès. Stratégie qui leur a déjà coûté au bas mot 1 million de dollars. Et qui a fini par irriter la Cour. La secte vient d'être condamnée a verser

1. *Introduction à l'éthique, op. cit.*, p. 107.

1,6 millions de dollars canadiens de dommages et intérêts à un des avocats de la partie civile pour l'avoir diffammé...

La Défense nationale infiltrée

En France aussi, les scientologues ont joué les espions. Pendant près de dix ans, ils ont infiltré la Défense nationale. Leur cheval de Troie ? Une société de sous-traitance informatique, INFI, qui a travaillé pour la fine fleur de l'industrie d'armement : Euromissile, Matra, Électronique Serge Dassault, Thomson, SAGEM. INFI a ainsi participé à la réalisation de projets « sensibles » tels que le système de navigation du super Étendard, le moteur de l'avion de chasse Rafale, les communications d'un sous-marin nucléaire, le guidage de missiles, la protection de certains sites nucléaires ou les installations de sécurité de la Banque de France (projet Bastille).

C'est en 1980 que démarre l'aventure d'INFI. Robert Vialet et Gérard Laurent, deux informaticiens de haut niveau travaillant dans de grandes sociétés, décident de fonder leur propre entreprise. Vialet est scientologue depuis 1976. Laurent, lui, a rejoint la secte en 1978. Sur les conseils de... Vialet, alors une simple relation professionnelle. Leur idée : monter une petite structure souple dans laquelle les frais fixes seront réduits au minimum. Seul moyen de percer sur le marché de l'informatique, certes en expansion, mais déjà très encombré. Les collaborateurs d'INFI seront donc rétribués en fonction de la facturation ramenée à l'entreprise. Séduit par le projet, un troisième ingénieur, non scientologue, Hubert Strosser, s'associe au tandem. La formule se révélera payante, puisque l'entreprise, au plus fort de son développement, emploiera jusqu'à 500 personnes et atteindra les 200 millions de chiffre d'affaires.

C'est en 1983 que la société prend véritablement son essor.

INFI devient le distributeur exclusif d'un logiciel de gestion particulièrement performant, Oracle. La société emménage à Viroflay dans les Yvelines et s'agrandit. Plusieurs filiales sont créées. On embauche. Surtout des scientologues, rencontrés dans les locaux de l'Église. Des informaticiens, mais aussi des administratifs comme Pascal Parizot, qui deviendra plus tard le chef du service investigation d'OSA. Robert Vialet et Gérard Laurent recrutent ainsi une bonne vingtaine de leurs correligionaires. Parmi ceux-ci, plusieurs membres de la famille de Gérard Laurent qui se sont convertis à la scientologie. La société dont la plupart des postes clés sont tenus par des scientologues commence à ressembler à une annexe de l'Église. La brochure de formation interne fait par exemple référence à la « tech de Ron Hubbard ». Bref, on travaille en famille.

C'est à la fin de l'année 1984 que survient le premier incident. Gérard Mirault, un ingénieur informaticien de 38 ans qui avait été embauché dans la société quelques semaines plus tôt se suicide dans des circonstances particulièrement dramatiques. Entièrement nu, il se laisse mourir de froid sur le plateau de Larzac dans la nuit du 29 au 30 décembre. Gérard Mirault était scientologue depuis deux ans. INFI n'y est certes pour rien. Mais la scientologie, elle, a sa part de responsabilité. « Gérard était parfaitement équilibré jusqu'à ce qu'il entre dans la secte, raconte Annie, sa femme. Nous étions une famille unie et tranquille. » A l'abri du besoin : Mirault qui travaillait pour la compagnie aérienne UTA gagnait 30 000 francs par mois. Apprécié de ses employeurs, il avait devant lui de brillantes perspectives d'avenir.

C'est la lecture de *La Dianétique* qui va faire basculer sa vie. Passionné de science-fiction, l'ingénieur, qui apprécie les romans de Hubbard, veut découvrir l'autre visage de l'écrivain, celui du « philosophe ». C'est la révélation. Du jour au lendemain, Gérard Mirault se lance à corps perdu dans les cours, auditions et autres stages. Engloutissant l'essentiel de ses revenus. Il devient distant, s'absente souvent. La famille se lézarde. L'informaticien sombre dans un délire mystique. Lui qui était plutôt d'un tempérament posé est maintenant nerveux, agité. Il n'y a plus que la scientologie qui compte. Il quitte UTA, rejoint la société Masters puis l'abandonne pour INFI. Avant de se suicider...

L'autopsie établira que Gérard Mirault avait absorbé des substances médicamenteuses quelques heures avant sa mort. Sa femme confiera d'ailleurs aux gendarmes des boîtes suspectes retrouvées dans les affaires de son mari. Mais le parquet de Millau, peu curieux, classera l'affaire. Quatre ans plus tard, à Lyon, le juge Georges Fenech chargé de déterminer les circonstances du suicide d'un autre adepte, Patrice Vick, découvrira que ce dernier avait lui aussi avalé des comprimés avant de se jeter par la fenêtre de son appartement...

L'affaire Mirault va freiner le développement d'INFI. Quelques mois auparavant, la société a déposé une demande d'habilitation « Confidentiel Défense » auprès de la Direction de la protection et de la sécurité de la défense (DPSD), l'ex-Sécurité militaire. Une autorisation indispensable pour pouvoir honorer certains contrats avec de grandes sociétés travaillant dans le secteur de l'armement.

En apprenant le suicide de l'ingénieur scientologue, les militaires froncent les sourcils. Qu'est-ce que c'est que cette histoire de secte ? Une enquête poussée est ordonnée. Qui retarde d'autant l'attribution de l'habilitation « Confidentiel Défense ».

Au siège d'INFI, Vialet et Laurent s'inquiètent. De gros contrats risquent de leur échapper si les militaires tardent à se décider. C'est alors que de curieux intermédiaires frappent à la porte de Robert Vialet. « C'étaient des collecteurs de fonds d'un parti de droite, raconte Laurent. Ils nous ont mis le marché en main : l'habilitation contre 1 million de francs. Et le départ de certains responsables, dont moi. Comment avaient-ils eu vent de nos difficultés avec la DPSD ? Mystère... » Ces mystérieux intermédiaires reviendront à plusieurs reprises. Et se feront chaque fois plus pressants : on est à quelques semaines des élections législatives de mars 1986. Ils repartiront les mains vides. Vialet ne dispose tout simplement pas de la somme exigée.

Coïncidence, c'est peu après ces visites que les militaires annonceront qu'ils refusent d'accorder l'habilitation. Pour INFI, c'est le coup dur. Comment expliquer aux clients que la DPSD ne fait pas confiance à la société ? Une situation délicate que deux nouveaux incidents vont singulièrement aggraver.

Le premier se produit le 15 mars 1986. Les services de sécurité de la SAGEM découvrent qu'un ingénieur d'INFI, non scientologue, a tenté de sortir de l'entreprise un logiciel sur lequel il travaillait. Il a en effet réclamé aux responsables du calculateur central une copie du programme en question. « Pour pouvoir dépanner la société en cas de " bug " » – ces erreurs d'écriture informatique qui peuvent bloquer un ordinateur –, expliquera-t-il. L'argument ne convainc qu'à moitié les responsables de la sécurité. Mais, réputation de fiabilité oblige, les dirigeants de la SAGEM préfèrent ne pas ébruiter l'incident.

Quinze jours plus tard, un second incident survient. Un autre ingénieur d'INFI, non scientologue lui aussi, est intercepté à la sortie de la SAGEM. Dans sa sacoche, les gardes découvrent un logiciel qui, lui, a servi à élaborer un programme destiné aux hôpitaux pour le compte de la SAGEM. Du matériel qui n'est pas sensible. Mais en s'intéressant d'un peu plus près à l'ingénieur les responsables de la sécurité s'aperçoivent que celui-ci travaillait en horaires décalés. Il passait parfois des nuits entières dans les locaux de la SAGEM, seul. Les responsables d'INFI tentent de minimiser l'affaire en mettant en avant la personnalité bohème de leur collaborateur. La direction de la SAGEM ne veut rien savoir : les relations commerciales avec INFI sont immédiatement rompues. Toujours par souci de discrétion, aucune plainte ne sera déposée.

Informée de l'affaire, la DPSD place aussitôt INFI sur la liste des entreprises « non recommandables », c'est-à-dire, celles contre lesquelles il y a une « mise en garde ». Pour Robert Vialet et Gérard Laurent, c'est la catastrophe. Plusieurs entreprises ne reconduisent pas leurs contrats. La société décline.

Que faire ? La DPSD se montre intraitable. Pas question de lever la sanction tant qu'il y aura des scientologues à INFI. « Mais justement, nous ne sommes plus scientologues », plaident Vialet et Laurent. » Tous deux affirment en effet avoir quitté l'Église. Le premier en 1984, le second, il y a à peine quelques semaines.

Oui, mais il reste les autres. « Faites le ménage », glisse-t-on dans le creux de l'oreille aux deux dirigeants. A qui faire appel ? Contacté, le très médiatique général Copel recommande aux dirigeants d'INFI un de ses camarades de promotion : le général de brigade Guy Cassagne. Cet ancien pilote de chasse qui a servi dans la Force aérienne tactique (l'escadrille nucléaire) a appartenu à la DPSD de 1983 à 1986. Il était adjoint du directeur au titre de l'armée de l'air. Cassagne sera ensuite nommé dans les services du matériel, où il s'occupera notamment du Mirage 2000.

Le 15 octobre 1987, Cassagne s'installe à INFI. En tant que consultant. Il a demandé à ses employeurs une période d'observation de trois mois au terme de laquelle il décidera ou non d'accepter le poste de chef de la sécurité. Ce délai écoulé, il soumet à ses employeurs une liste de neuf noms. Neuf scientologues dont il exige le départ. Le dernier carré. Les autres, une dizaine, ont en effet spontanément démissionné d'INFI à l'arrivée de Cassagne ou ont rompu avec l'Église afin de conserver leur emploi. Vialet et Laurent acceptent la liste. Le dernier scientologue quittera INFI en juillet 1988.

En juin 1989, la DPSD lève la mise en garde. Dans les couloirs, les galonnés affirment à Cassagne que la Direction générale de l'armement va enfin accorder l'habilitation tant attendue. Promesse qui ne sera jamais tenue...

Strosser, le troisième associé, et Laurent, fatigués par ce chemin de croix, décident de se retirer. Mais Vialet n'a pas les moyens de racheter leurs parts. Il faut vendre. Des négociations s'engagent. Thomson sera un temps sur les rangs. Finalement, c'est la société ARM dirigée par Jean-Paul Steiniz qui emporte le marché. Le 4 décembre 1990, l'acte de vente est signé.

Le général Guy Cassagne, dernier témoin de cette épopée, démissionne d'INFI un an plus tard. Après une ultime enquête sur un mystérieux cambriolage commis pendant les vacances d'été. Les malfaiteurs ont forcé la plupart des bureaux de la direction. Seule la porte du général Cassagne résistera. En partant ils ont emporté la caisse des distributeurs de boisson et de sandwiches. Des petits loubards ? Ou des barbouzes qui ont maquillé leur effraction ? L'enquête ne l'a toujours pas établi...

Bref, beaucoup de bruit pour rien. INFI a apparemment été clouée au pilori sans raison valable. « Que peut-on reprocher à la société ? s'exclame Gérard Laurent. D'avoir compté dans ses rangs une forte proportion de scientologues. Oui. Et alors ? Ce n'est pas un délit. Aucune preuve d'une quelconque tentative d'espionnage n'a pu être apportée. »

Si tel était le cas, on ne pourrait que lui donner raison. Mais voilà, la réalité est différente. INFI n'était pas une banale société dans laquelle travaillaient quelques scientologues. L'entreprise était bel et bien contrôlée par la secte. La preuve figure noir sur blanc dans un rapport d'OSA du 21 septembre 1988. Ce document comptabilise en effet INFI parmi les entreprises membres du World Institute of

Scientology Enterprises (WISE) – l'Institut mondial des entreprises de scientologie. Un département qui délivre des licences de « technologie d'administration » scientologue contre le versement d'une redevance qui se monte à environ 15 % du chiffre d'affaires de la société concernée. En clair, INFI était une filiale de l'Église de scientologie. Une filiale qui a eu accès à pas mal de secrets militaires...

Gérard Laurent et le général Cassagne à qui nous avons soumis le document d'OSA nous ont affirmé qu'à leur connaissance INFI n'avait jamais cotisé à WISE. Les livres de compte de la société ne portent aucune trace de ces versements. « En 1984, raconte Laurent, la scientologie nous a effectivement demandé de verser une redevance à WISE. Mais nous avons refusé. Je voulais qu'INFI reste une société indépendante de l'Église. » Laurent a été abusé. Ainsi que l'atteste le rapport d'OSA, un ou plusieurs cadres scientologues de la société ont cédé aux sollicitations de l'Église. Que ces versements n'apparaissent pas sur les registres d'INFI n'a rien de très surprenant. L'instruction menée par le juge Fenech de Lyon a en effet montré que les scientologues ne répugnaient pas à mêler comptes personnels et comptes de leurs sociétés. Les fonds auront tout simplement emprunté des circuits parallèles.

Second point important, le rapport d'OSA comptabilisant INFI parmi les sociétés membres de WISE est daté du 21 septembre 1988, soit deux mois après que le dernier scientologue connu eut quitté INFI. Un membre de la secte, au moins, a donc échappé à la purge du général Cassagne. Une taupe qui a permis à l'Église d'avoir accès jusqu'au bout aux dossiers d'INFI. Et par conséquent aux informations relevant du secret défense.

De quel côté chercher cette (ou ces) taupe(s) ? Première hypothèse, celle d'un scientologue clandestin, infiltré au sein de la direction. Possible...

Deuxième hypothèse, un scientologue faussement repenti.

Un membre de la secte qui, pour rester dans la société et maintenir la liaison avec WISE, aurait fait semblant de renier sa foi. Gérard Laurent avec qui nous avons évoqué cette hypothèse a avancé un nom : celui de Jean-Pierre Perreau (qui se fait appeler John). Perreau est entré à INFI en 1981. Il était administrateur de Shappa, une des filiales du groupe INFI. Son curriculum vitae précise qu'il a été en « 1980-81 détaché auprès des services du Premier ministre pour diriger des projets d'informatisation du gouvernement : gestion de la procédure législative » et « détaché auprès du ministère de la Culture et de la Communication pour la réalisation du schéma directeur de l'informatique du ministère ». Il a poursuivi cette dernière mission jusqu'en 1990.

Rappelons comme nous l'avons révélé au début de ce livre que les scientologues disposent d'un « agent » au sein du cabinet du ministre de la Culture : Alain Brunet, conseiller technique du ministre... Mentionnons encore que la secrétaire de Gérard Laurent à INFI, Olivia Darnis, travaillait auparavant au ministère de la Culture.

Lorsque le général Cassagne a convoqué Perreau dans son bureau à la fin de 1987 et lui a demandé de choisir entre la scientologie et INFI, l'informaticien s'est incliné et a annoncé qu'il rompait ses relations avec l'Église. Affirmant cependant qu'il restait « scientologue de cœur ». En somme il gardait la foi, mais ne pratiquerait plus. Après le rachat d'INFI par ARM, les nouveaux dirigeants décident de supprimer Shappa, la filiale que dirigeait Perreau et de licencier ce dernier. Le scientologue défroqué a alors une étrange réaction. « Il a accusé le nouveau directeur de se séparer de lui uniquement parce qu'il avait encore de la sympathie pour l'Église, raconte Gérard Laurent. Perreau a même menacé de faire intervenir les avocats de la scientologie. » Quatre ans après avoir officiellement coupé les ponts avec l'Église...

Mais John Perreau n'est pas le seul scientologue repenti à propos duquel subsistent certaines interrogations. Ainsi

Robert Vialet, le patron d'INFI, qui aurait cessé de fréquenter la secte en 1984. Afin de clarifier sa situation aux yeux des militaires de la DPSD, le général Cassagne lui a demandé en février 1988 d'adresser une lettre – dont nous avons pu prendre connaisance – à la secte pour demander le remboursement des cours qu'il avait payé par avance. Une telle lettre entraîne selon les règlements de la scientologie la notification d'un « ordre d'expulsion » de l'Église. Acte qui est communiqué à toutes les organisations scientologues dans le monde. La secte considère en effet que réclamer de l'argent à la secte est un acte éminemment suppressif.

Mais, voilà, l'Église n'a jamais répondu à cette lettre. Le général Guy Cassagne, qui se flatte d'avoir ses informateurs au sein de la secte, nous a expliqué que le dossier de Robert Vialet avait été égaré. Il était classé dans le fichier des abandons, le fichier *Dead File* (« fichier mort » en français). « Rien d'étonnant à ce que le dossier se soit égaré, à poursuivi le général. Les scientologues ont dû jeter une partie de leurs archives. Pensez donc, cela faisait presque cinq ans que Vialet avait quitté la scientologie. »

Il serait bien étonnant que la secte ait agi avec tant de légèreté. Voici la définition que donne Hubbard du fichier Dead File : *Ce fichier inclut toutes les personnes qui adressent à une org. ou à son personnel des lettres désagréables ou blessantes. Au lieu de prendre la peine de publier un ordre sur une personne suppressive ou même de mener une enquête, nous classons les auteurs de ces lettres blessantes dans le Dead File*[1]*. Quand leur secteur est sens dessus dessous et que nous voulons localiser un suppressif, nous pouvons consulter notre Dead File pour trouver des candidats éventuels puis faire une enquête et publier un ordre.* Quand on connaît l'acharnement des scientologues à traquer les suppressifs, on imagine mal qu'ils aient pu se

1. *Hubbard Communication Office*, lettre de règlement du 26 décembre 1966.

séparer de pareilles munitions, même cinq ans après. Disparition d'autant plus inexplicable que le dossier de Gérard Laurent, lui, a été retrouvé par les scientologues. Le général Guy Cassagne avait en effet demandé à ce dernier d'accomplir la même démarche que Vialet : exiger le remboursement des cours auxquels ils n'avait pas assisté. Dès mars 1988, on trouve effectivement trace de cette requête dans les rapports d'OSA. Les scientologues ont même calculé combien ils devaient à l'ancien adepte : 22 500 francs.

Conséquence, le rapport OSA du 12 mai 1988 classe Gérard Laurent dans la catégorie « Attaques diverses » avec ce motif : « Fondateur du groupe INFI, sous chantage de l'armée. Aurait tenté d'influencer certains membres des orgs de Paris » – Gérard Laurent était alors en train d'inciter certaines de ses relations à quitter la secte. Deux points négatifs lui ont été attribués le plaçant en 28e position sur la liste des adversaires de l'Église. Une semaine plus tard, le « gibier de potence » Laurent recevait son « ordre d'expulsion ».

En revanche, nulle mention de Robert Vialet sur les documents d'OSA. Ni même de sa demande de remboursement... Seuls Pascal Parizot et Martin Weightman, les rédacteurs des rapports, pourraient expliquer ce mystère. Et livrer le nom de la taupe...

4

UNE ORGANISATION QUI INFILTRE TOUT

> Si nous combinions notre puissance et celle de toutes nos organisations en un effort exercé épaule contre épaule, nous prendrions cette planète, et ce avec le savoir que nous avons et le nombre que nous sommes maintenant [1].
>
> Lafayette Ron HUBBARD (1968)

« Cherchez à toucher les points clés ! »

C'est en fait toute la société que les scientologues veulent infiltrer. A la différence de la plupart des sectes, l'Église de scientologie ne cherche pas à rompre avec le monde, mais à s'en emparer. Il s'agit de le transformer, de le « clarifier », en aucun cas de le fuir ou de construire une communauté alternative. La scientologie est de ce point de vue une authentique organisation subversive.

Les usines, les commerces, les foyers, le voisinage, ce sont là les secteurs ou nous voulons des scientologues entraînés, écrit Hubbard [2]. [...] *Nous n'attendons pas de vous que vous ouvriez un cabinet* [d'auditeur] *et que vous exerciez en privé.*

1. Citation rapportée dans une circulaire de l'Association internationale des scientologues de février 1989.

2. *Hubbard Communication Office,* Lettre de règlement du 10 juin 1960.

Nous vous respecterons si vous le faites. Mais nous vous respecterons tout autant, et même plus, si vous vous entraînez pour devenir professionnel et que vous allez dans le monde actif, le monde de la vie, et que vous y prenez de l'expansion. [Bref, un bon scientologue est d'abord un militant.] *Cherchez à toucher les points clés par n'importe quel moyen,* poursuit Hubbard. *La directrice du club féminin ; le directeur du personnel d'une compagnie ; le leader d'un bon orchestre ; le secrétaire du Président ; le conseiller du syndicat ; n'importe quel point clé. Gagnez bien votre vie avec ça, conduisez une bonne voiture, mais faites votre travail, maniez et améliorez les gens que vous rencontrez et créez une meilleure planète.* [...] *Certains d'entre nous maintiendrons des centres pour répondre à vos besoins ; certains d'entre nous fourniront des munitions et des livres. Et les autres, nous ferions mieux d'envahir avec succès toutes les activités qui existent et de faire sentir notre influence sur les lignes de comm* [de communication] du monde.

Toute la stratégie de l'Église est dans ces lignes. Une stratégie on ne peut plus temporelle. Il ne s'agit pas de prêcher, de convertir, mais bien de noyauter les centres de pouvoir de la société. Pour mieux la conquérir.

Les pauvres, les anonymes, en un mot les « Wogs [1] » n'intéressent pas l'Église. Ils ne produisent que des « basses statistiques ». Entendez, ils ne travaillent pas. Pis, ils ruinent la société. C'est à eux seuls que profitent l'impôt sur le revenu et les cotisations maladies. L'État-providence est une hérésie : c'est un *système qui récompense la non-production, au détriment de la production. Donc ne nous étonnons pas si nous finissons tous esclaves dans une société à l'agonie* [2].

La cible de Hubbard, ce sont les managers, les décideurs, les riches. Parce qu'ils ont la bourse pleine et qu'ils occupent une position stratégique. Mais aussi, plus fondamentalement,

1. Voir chapitre 3, p. 95.
2. *Introduction à l'éthique, op. cit.*, p. 158.

parce que leur réussite sociale est la preuve de leur talent, de leur intelligence. *Un préclair qui peut travailler et produire en tant que membre de la société mérite bien sûr la priorité. Naturellement, c'est la personne qui peut payer. Quand nous donnons à celui qui ne peut payer autant d'attention, nous sommes en train de récompenser une basse statistique dans la société avec de la scientologie, et bien sûr nous ne prendrons pas d'expansion car nous ne développons pas les aptitudes de la personne capable*[1].

Vive donc le libéralisme et l'entreprise ! Pour conquérir ce secteur, les scientologues ont tissé un véritable réseau de sociétés, certaines liées organiquement à l'Église, d'autres simplement gérées par des scientologues. Mais, comme on l'a vu plus haut, cette distinction juridique pèse peu au regard de la doctrine qui commande de mélanger activités professionnelles et prosélytisme – la « dissémination » en langage scientologue. Un bon scientologue se doit de mettre sa position sociale au service de la cause.

La scientologie à l'assaut des entreprises

Tête de pont de cette pénétration, les sociétés de conseil en management et autres instituts de formation. Tout scientologue un peu expérimenté dispose en effet du bagage nécessaire pour alimenter un séminaire en entreprise : la « tech de Ron » – autrement dit les techniques de Hubbard – dont les premiers niveaux font une large part aux exercices de communication[2]. Dès lors, rien de plus facile que de se bombarder consultant. Un téléphone, une adresse, une inscription au registre du commerce, et le tour est joué. Pas besoin de

1. *Introduction à l'éthique, op. cit.*, p. 164.

2. Par exemple, la maîtrise de « l'échelle des tons », une grille des inflexions de la voix qui va de « l'allégresse » (ton 4.0) à « l'apathie la plus profonde » (ton 0.1) en passant par « l'indifférence » (ton 2.5).

titres ou d'autorisations. Un bon mailing suffit pour amorcer la pompe. D'autant que les entreprises – les sauts à l'élastique et autres marches pieds nus sur des braises le prouvent – ne sont guère regardantes sur les méthodes employées pour stimuler leurs collaborateurs. Les scientologues ont réussi par ce biais à former des centaines de cadres d'entreprises prestigieuses. Des groupes comme Peugeot, Renault, VAG, Lancôme, Citroën, UAP, Data General, Thomson-CSF, L'Oréal, et bien d'autres encore leur ont confié leurs collaborateurs. Le plus souvent, il est vrai, sans savoir à qui ils avaient vraiment affaire. Car si les formateurs scientologues font appel aux techniques apprises au sein de l'Église, ils évitent cependant de faire ouvertement référence à cette dernière.

La société Leaders, dirigée par le scientologue Tristan Ebel, explique ainsi dans la brochure de présentation de ses cours que *les matériaux de ces formations sont le fruit de recherches menées par L. Ron Hubbard, philosophe et écrivain américain.* Et tant pis pour le dirigeant d'entreprise qui ignore que l'intéressé est aussi le fondateur et guide suprême de l'Église de scientologie. Même son de cloche dans la lettre de Leaders [1]. Le lecteur est invité à commander « les classeurs du management de L. Ron Hubbard » (treize fascicules au prix unitaire de 780 francs hors taxes) auprès de la société sans qu'à aucun moment on lui précise que ces « lois fondamentales de l'organisation » sont aussi celles qui gouvernent la secte.

Une tactique payante, puisque, en annexe de sa brochure de présentation, Leaders annonce avoir formé les cadres des entreprises suivantes : Air Afrique, Alcatel, Bull, Euromarché, Pathé Marconi, Roussel Uclaf, Sodexho, William Saurin, etc. Sans oublier la chambre de commerce d'Amiens pour laquelle ont été assurés des cours de technique de vente et de management.

1. *Leaders, actualité, idées et solutions,* n° 2, juillet-août 1992.

Tristan Ebel, qui enseigne également à l'École supérieure de commerce de Paris, est, il est vrai, expert dans l'art de brouiller les pistes. A la fin de 1989, le service de gynécologie d'une clinique de l'Essonne décide de faire procéder à un audit interne. Contactée, la société Top Service France (aujourd'hui disparue) lui envoie un de ses formateurs... Tristan Ebel. Celui-ci commence par faire passer un test de deux cents questions au personnel du service. Surprise, le test en question n'est autre que celui dont les scientologues se servent pour convaincre le chaland de suivre les cours de l'Église [1].

L'audit, facturé 17 790 francs, dresse un tableau apocalyptique du service. Seul moyen de redresser la situation, suivre des cours Hubbard de management. Plusieurs secrétaires seront ainsi embrigadées dans des séances de formation. Prix de ce recyclage : 23 127 francs. Enthousiasmé, un des respondables du service convainc le directeur de la clinique d'étendre l'expérience à tout l'établissement. Pour emporter la décision, Ebel se fait recommander par la chambre de commerce et d'industrie de Paris, organisme pour lequel il assure des cours de formation. Quelques semaines plus tard, les dirigeants de la clinique reçoivent un rapport tout aussi alarmiste que le premier et qui fait référence aux travaux d'un certain... Ron Hubbard. Apprenant après quelques coups de téléphone qu'il s'agit du fondateur de l'Église de scientologie, ils mettent aussitôt un terme aux relations avec Tristan Ebel et exigent le remboursement des

1. Quelques exemples de question : « Y a-t-il, sans raison apparente, des moments où vous êtes triste et déprimé(e) ? » ; « Cela vous demanderait-il un effort certain que d'envisager l'idée du suicide ? » ; « Accepteriez-vous une discipline stricte ? » ; « Est-ce que l'idée de prendre un départ complètement nouveau vous causerait beaucoup de soucis ? » ; « Aimeriez-vous déclencher une nouvelle activité dans la région où vous habitez ? » ; « Achèteriez-vous à crédit dans l'espoir de pouvoir continuer à honorer les paiements *[sic]* ? » ; « Dépensez-vous trop librement par rapport à vos recettes ? »... Bref, de quoi repérer les adeptes potentiels !

séances de formation suivies par le personnel du service de gynécologie. Demande qui sera satisfaite en février 1991 [1].

Le profil de Leaders est tout aussi fluctuant. Fondée au début des années 80 par Jean-Jacques Deplanche, la société a pour siège social le 1, place Rio-de-Janeiro, à Paris. En fait, le domicile d'une scientologue, Florence Raguideau. Numéro d'inscription au registre du commerce ? Aucun. 8 C est une société de fait. Quelque temps plus tard, le sigle 8 C est abandonné au profit de celui d'Obnose – un néologisme inventé par Hubbard [2]. Histoire de ne pas dérouter certains clients, les deux noms seront parfois accolés. Le siège social reste le même. Et le numéro de registre du commerce fait toujours défaut.

En mars 1986, Obnose-8C prend le nom de GMR Développements Leaders, société cette fois inscrite au registre du commerce. Cependant, le nom d'Obnose continue d'être utilisé. Le siège social reste fixé au domicile de Florence Raguideau. Jean-Jacques Deplanche est remplacé à la tête de la société par deux autres scientologues : Muriel Ebel et Armand Ricart. Il reste cependant formateur. Plusieurs membres de l'Église viennent compléter l'équipe. Parmi eux, Tristan Ebel, le mari de Muriel, et Patrick Morin, dont nous allons reparler.

1. Dans la lettre accompagnant le chèque de remboursement (18 février 1991), le directeur de Top Service France, Philippe Lohmuller, écrira notamment : *Nous tenons à vous signaler que nous découvrons dans le même temps que vous l'adhésion ou la référence à la scientologie. Compte tenu de l'ensemble de ces paramètres, et très attaché à notre image d'efficacité et de sérieux vis-à-vis de nos clients, nous vous confirmons qu'aucun autre dossier à partir de cette date ne sera confié à M. Ebel.*

2. Voici la définition qu'en donne le glossaire du cours Hubbard de dissémination : *Mot créé dont l'origine est « Observer ce qui est évident. » Dans la pratique, obnose signifie « clairement voir ce qui se trouve là et qui est évident et uniquement voir ce qui est vraiment là et évident, ni plus ni moins ». Le verbe obnoser signifie « faire de l'obnose ».* Évident de clarté...

Mars 1989 : Leaders change d'adresse et s'installe au 102 avenue des Champs-Élysées.

Mars 1990 : nouveau déménagement. Leaders s'installe 49 rue des Grands-Champs dans le XXe arrondissement parisien.

Difficile de s'y retrouver. D'autant que les formateurs et dirigeants de Leaders cumulent les casquettes. Deux d'entre eux, Patrick Morin et Armand Ricard, auxquels s'est joint un troisième scientologue, Patrice Wellhoff, ont créé en juillet 1985 leur propre société, Présence 7 Informatique, installée avenue Kléber à Paris – une société dont les poubelles, comme nous l'avons raconté au début de ce livre, intéresseront beaucoup de Renseignements généraux [1]. En mai 1988, le trio monte une seconde société, Présence 7 Développement. Six mois plus tard, à Lyon cette fois, la même équipe fonde une troisième société, Présence 7 Informatique. Activité du groupe Présence 7 : la sous-traitance informatique, mais aussi l'organisation de séminaires de communication en entreprise...

Même INFI, le fleuron des sociétés scientologues, se lancera un temps dans les stages de formation pour cadres de haut niveau. Tout en faisant appel à une autre société de conseil en communication, Diace Conseil, dirigée par le scientologue Guy Cassan, pour former une partie de son personnel... Mentionnons encore la société Ciborg, dirigée par Eric Ianna. Un scientologue dévoué, puisque c'est lui qui, le 20 juillet 1990, louera la salle bleue du palais des Congrès dans laquelle se réuniront à huis clos tous les adeptes de l'Église pour élaborer leur riposte après les arrestations de Marseille, Lyon et Paris. Entreprise modeste, puisque ses effectifs se limitent à la seule personne de Ianna, Ciborg a cependant permis à son fondateur de créer en 1989 une seconde société, Bival. Une société immobilière...

En janvier 1992, Ciborg a été au centre d'une procédure

1. Voir chapitre 1, p. 48.

pour licenciement abusif engagée par un chauffeur ramasseur d'une coopérative laitière de Moselle, Claude Heim. Quelques mois plus tôt, son employeur, la société Unicolait, avait fait appel aux services de Ciborg pour former les cadres de l'entreprise. Claude Heim n'avait pas été long à deviner les liens unissant Ciborg à l'Église de scientologie et s'en était publiquement ému. Attitude qui lui avait valu d'être congédié pour « faute grave ».

Les prud'hommes de Sarrebourg n'ont pas été de cet avis. Estimant qu'en passant contrat avec une société scientologue, la direction d'Unicolait avait provoqué le trouble en son sein, le tribunal a condamné la coopérative, en septembre 1992, à verser 140 000 francs au chauffeur ramasseur.

Les sociétés de formation scientologue ne font cependant pas que des mécontents, à en juger par les lettres de satisfecit rédigées par certains responsables du personnel à l'issue des stages. Des attestations le plus souvent sollicitées : en scientologie, tout « gain », pour être « validé », doit être confirmé par un témoignage écrit. Qui, en l'occurrence, servira également de recommandation auprès de futurs clients...

J'ai beaucoup apprécié l'ensemble des produits dispensés qui permettent d'atteindre le but de ce séminaire. [...] *Cette formation devrait effectivement aider les responsables des entreprises à acquérir la dimension humaine pour exercer pleinement leur rôle dans toutes les activités nécessaires à la vie de celles-ci,* écrit ainsi en 1983 le directeur de l'École nationale des cadres de la SNCF, Henri Deplanque, dans un courrier adressé à Jean-Jacques Deplanche, le dirigeant d'Obnose.

Dire que je ne suis plus « effet » sur l'environnement serait exagéré, mais en trois jours, j'ai pu mieux connaître certains mécanismes de la communication et les techniques à employer pour les utiliser au mieux de mes intérêts... et de ceux des personnes qui m'entourent, affirme pour sa part le chef des ventes de Perrier, un certain A. de Sainte-Marie, dans une lettre à Obnose de 1984. *Effet sur l'environnement...*, le responsable a visiblement bien assimilé la novlangue scientologue.

Abusés, ces dirigeants ? Certainement. Mais ce n'est pas toujours le cas. En mars 1988, dans une note intitulée « La scientologie investit la direction de la régie Renault », un inspecteur des Renseignements généraux attire l'attention de ses supérieurs sur le directeur du département « Stratégies et finances » de la firme automobile, Guy Bergeaud. Scientologue convaincu, ce dernier envoie systématiquement les cadres de la Régie suivre les cours de la société scientologue Leaders. Le fonctionnaire fait état du témoignage d'un responsable de Leaders confirmant qu'il s'agit là d'une opération concertée. Selon ce même responsable, ajoute l'inspecteur, 25 p. 100 des participants à ces stages adhéreraient ensuite à l'Église de scientologie...

Bergeaud dont la photo ornait à l'époque les murs du local de Leaders, n'en était pas à son coup d'essai. Quelques années plus tôt, alors cadre chez Volkswagen, il avait envoyé à dix-sept reprises les collaborateurs de la société suivre les séminaires de Leaders.

En mai 1990, Bergeaud rejoint Rover France pour y occuper le poste de président-directeur général. Une entreprise où la bonne parole de Ron Hubbard a déjà été répandue. De janvier 1989 à février 1990, le scientologue Guy Cassan de la société Diace Conseil a organisé six séminaires de vente destinés aux meilleurs vendeurs des concessionnaires de la marque. Comme il le déclare lui-même dans un droit de réponse adressé à l'hebdomadaire *Le Point* [1] qui avait évoqué l'affaire, *la quasi-totalité des stagiaires ont été enthousiasmés et demandaient d'autres stages.*

Intrigué par les étranges discours de Guy Cassan, un

1. *Le Point* du 28 décembre 1992. Guy Cassan s'exprimait dans le cadre d'un droit de réponse à un article de Jérôme Dupuis, « L'Église du management », publié le 26 octobre 1991 dans le même hebdomadaire.

« mauvais coucheur » a cependant alerté la direction internationale du groupe Rover en Grande-Bretagne. Le constructeur automobile diligente une enquête, contacte les organisations antisectes et découvre que Guy Cassan, mais aussi Bergeaud, sont scientologues.

En novembre 1990, ce dernier est prié de donner sa démission. Depuis, il a fondé sa propre société, Management Learning System (MLS).

Pour qui douterait encore que ces entreprises agissent en concertation avec l'Église, une circulaire de 1983 du Réseau des coordinations sociales (SOCO) – une structure de l'Église qui, comme son nom l'indique, coordonne la dissémination – lève toute ambiguïté. Sous le titre « L'exportation de la tech dans les entreprises », on peut lire les lignes suivantes : *Obnose, Marc Bromberg* [société aujourd'hui disparue], *Ciborg, 8 C, Xavier Delamare* [un des inculpés de Marseille], *Guy Cassan. Tous ces groupes travaillent pour l'expansion de la techn LRH* [la technologie de Lafayette Ron Hubbard] *dans le domaine séculier des entreprises et contribuent vraiment à un take-over du champ* [à une prise de contrôle du secteur de la formation en entreprise] *en France.* On ne saurait être plus explicite sur les objectifs poursuivis par la secte.

Pour sa part, OSA répertoriait, en 1988, Leaders, Diace, Jean-Jacques Deplanche et Xavier Delamare parmi les sociétés et formateurs affiliés au World Institute of Scientology Enterprises (WISE) [1], l'institut international auquel la plupart des entreprises scientologues reversent un pourcentage de leurs gains.

Sur cette liste figurait encore une société de formation continue installée à Rennes, Wide, qui fit parler d'elle en

1. L'antenne du World Institute of Scientology Enterprises International (WISE International) pour l'Europe est installée en Suisse. L'édition 1991 du guide *Savoir*, une publication helvétique qui recense les sociétés installées dans le pays, indique que l'organisme scientologue est domicilié au 32 rue Malatrex, à Genève.

juin 1989. Son directeur, Alain Pouteau, avait fait passer dans les journaux régionaux, entre mai et décembre 1988, plusieurs annonces vantant ses stages (de 4 à 8 semaines pour un prix de 8 200 francs). Surtout, il affirmait dans ces encarts qu'à l'issue de leur formation les étudiants seraient placés dans des entreprises. Une trentaine de chômeurs s'inscrivirent. Mais voilà, la formation achevée, l'embauche promise se fit attendre. Trouvant la pilule amère, certains stagiaires, aidés par des organisations syndicales et de consommateurs, assignèrent Wide en justice, lui reprochant également d'avoir dissimulé ses liens avec l'Église. Alain Pouteau, ainsi que l'établira le tribunal, reversait en effet 16 p. 100 de son chiffre d'affaires à WISE. La défense, assurée par maîtres Oussedik et Bouvier, les avocats de l'Église, soutiendra que Pouteau utilisait les ouvrages de Hubbard dans un objectif strictement pédagogique. Magie du discours. Quand l'Église a affaire au fisc, elle affirme au contraire que son enseignement est religieux et n'a aucun caractère lucratif.

Pouteau sera condamné à 20 000 francs d'amende et deux mois de prison avec sursis. Les parties civiles recevront pour leur part 25 000 francs à titre de dommages et intérêts.

Les petits patrons de la scientologie

Aussi actives soient-elles, les sociétés de formation tenues par la scientologie ne représentent que la partie émergée de l'iceberg des entreprises scientologues. Obéissant scrupuleusement aux injonctions de Hubbard, la hiérarchie de l'Église a investi le monde « actif ». Entendez le monde des affaires. La plupart des responsables de l'Église, mais aussi bon nombre de scientologues chevronnés, dirigent une, voire plusieurs sociétés.

Près d'une trentaine de sociétés sont ainsi contrôlées par

l'Église. Un véritable labyrinthe dans lequel, bien souvent, adresses, sigles ou administrateurs et gérants se recoupent et se confondent. Signe particulier de ces sociétés, elles se concentrent pour l'essentiel dans deux secteurs : l'immobilier et l'informatique. Si le premier choix relève sans doute du seul calcul économique – la pierre reste l'un des rapports les plus sûrs –, le second en revanche n'est pas sans relation avec la doctrine de Hubbard. La dianétique, on s'en souvient, compare le cerveau de l'homme à un ordinateur. L'Église elle-même est structurée en terminaux reliés par des lignes de communication.

Commençons notre exploration par Michel Réveillère, le président de l'OT Committee (le comité des Thétans opérationnels), l'association qui regroupe la trentaine d'adeptes français ayant atteint le plus haut degré de la hiérarchie scientologue, le niveau OT 8. Ancien ingénieur d'INFI, Michel Réveillère a fondé, peu après son départ, en 1987, la société de sous-traitance informatique Eurelys, installée avenue Kléber, à Paris. Il dirige également avec Patrick Valtin la société U Man France, filiale d'U Man International. U Man s'est notamment signalée par la commercialisation d'un test informatique reprenant les deux cents questions du test de personnalité cher aux scientologues.

Un test qui est également proposé par la société de conseil en entreprise Puissance, dirigée par Martine Bullot, secrétaire du Comité français des scientologues contre la discrimination (CFSD) jusqu'en 1986.

A la même adresse que U Man, 60, rue Boursault, à Paris – la société a déménagé rue Lafayette, à Paris, en mars 1991 –, on trouvait, jusqu'en novembre 1991, la société RGDB, également dirigée par Réveillère. RGDB est aujourd'hui en liquidation judiciaire. Michel Réveillère et sa femme Odile sont encore propriétaires d'une exploitation agricole (EARL Réveillère) à Goulles, en Corrèze. Notons enfin que Réveillère est répertorié comme membre de WISE dans les listings d'OSA.

Scientologue particulièrement actif, Michel Réveillère a mis au point en 1990, après les interpellations de Marseille, Lyon et Paris, un système d'alerte par Minitel baptisé Minuteman qui reprend la structure classique des réseaux clandestins.

Chaque scientologue fait partie d'une pyramide de quarante membres. Dès qu'il est contacté par son supérieur, il doit à son tour prévenir trois autres membres de l'Église dont les noms lui ont été communiqués à l'avance. Afin de déjouer les écoutes policières, aucune information n'est transmise par téléphone. L'adepte trouve toutes les consignes sur son Minitel. Une fois connecté avec le serveur télématique, il tape alors le mot de passe personnel qui lui a été attribué – et sans lequel la police ne peut pénétrer sur le réseau. Selon sa position hiérarchique dans l'Église, un certain nombre d'informations et de directives s'affichent sur l'écran. Une fois sa mission accomplie, l'adepte se connecte à nouveau avec le serveur et rend compte à ses supérieurs. La direction de l'Église peut ainsi prendre connaissance en temps réel de la situation et veiller à la bonne exécution de ses ordres. Ce souci de la sécurité tourne parfois à la paranoïa. En juin 1990, l'auteur, qui enquêtait sur le groupe INFI et ses rapports avec la Défense nationale, tente de joindre par téléphone Michel Réveillère au siège de sa société, Eurelys. Sans succès. Mais, le soir même, OSA adressait à Los Angeles un télex ainsi rédigé : *Aujourd'hui, Michel Réveillère, scientologue et patron d'une société d'informatique, a été contacté par Faubert, de* L'Événement du jeudi. *La société de Michel avait des contrats avec le ministère de la Défense et l'armée française. Michel est venu à OSA pour coordonner tout ça et nous allons voir comment résoudre le problème.* Il est vrai qu'à l'époque l'épouse de Réveillère, Odile, était membre d'OSA à plein temps...

Autre ancien d'INFI à s'être lancé dans la création

d'entreprises, Gilles Vallet. Ce polytechnicien, scientologue de longue date, a rejoint peu après son licenciement la direction de la société Lysys Placements, 72, rue du Château-des-Rentiers, à Paris (Lysys est aujourd'hui installé rue d'Amsterdam). A la même adresse, on trouve quatre autres sociétés informatiques dirigées par Vallet : Arttic, Mathix, Groupe intervention génie logiciel et Highware à Paris. A Toulouse, ville près de laquelle il réside, Vallet a encore fondé trois sociétés : Highware SA, Highware à Toulouse et Arkémie.

Sept sociétés créées en l'espace de trois ans. Pas mal pour un seul homme. D'autant qu'à ces responsabilités, il fallait ajouter en 1992 la gérance d'un café-restaurant, *La Choubière,* rue Barrault, à Paris, et un siège d'administrateur dans la société Kubik Industries électroniques installée à Loches, dans l'Indre-et-Loire. Un échange de bons procédés, puisque le patron de cette société – qui a fait l'objet d'un redressement judiciaire en septembre 1991 –, Éric Kubic, est administrateur de Highware SA.

Il y a plus étrange. Parmi les entreprises installées à la même adresse que les quatre sociétés parisiennes de Vallet, 72, rue du Château-des-Rentiers, figure une certaine Highware International Limited. Une société qui, malgré son nom, n'a juridiquement rien à voir avec Highware à Paris (pourtant domiciliée à la même adresse), Highware SA ou Highware à Toulouse, puisque son siège se trouve à Londres. Coïncidence, cette société, comme ses trois homonymes français, est dirigée par un scientologue. Il s'agit de Michel Raoust, le président du Comité français des scientologues contre la discrimination (CFSD) de 1976 à 1988. Un adepte chevronné, puisqu'il a atteint le niveau OT 8, le plus haut grade décerné par la secte.

L'affaire Dialogic

Juillet 1990. *Le Journal du dimanche* révèle qu'une société d'informatique, Dialogic, ayant travaillé pour le ministère de l'Intérieur, compte parmi ses dirigeants un important responsable scientologue [1]. Son nom ? Michel Raoust. Sa fonction dans la société ? Directeur général.

Dialogic a procédé au mois de mars à un audit sur un système-expert d'aide à la décision destiné au... Raid, l'unité antiterroriste de la police nationale. Une étude pointue et confidentielle, puisqu'il s'agit de préparer la mise en fiches informatiques des diverses opérations accomplies par cette unité d'élite.

Ce n'est qu'au mois de juin que la sonnette d'alarme a été tirée. La Direction de la surveillance du territoire (DST) informera discrètement Pierre Joxe des connexions entre Dialogic et l'Église de scientologie. Les contacts avec la société seront aussitôt coupés. Il était temps : Dialogic, selon *Le Journal du dimanche*, s'apprêtait à réaliser un autre audit pour le compte de l'UCLAT (Unité de coordination de la lutte antiterroriste), une cellule interministérielle. Question : comment un scientologue a-t-il pu avoir accès à ces informations ultra-sensibles ?

Quelques jours après l'article du *Journal du dimanche*, le quotidien *Libération* [2] révélera que le contrat a été négocié par un scientologue, ingénieur contractuel de la Direction des transmissions et de l'informatique (DTI). Le journal ne donne cependant pas son nom.

C'est grâce à ce correspondant, explique l'auteur de l'article, Alain Frilet, que Dialogic a emporté le marché,

1. Emmanuelle Chantepie, « Un ministère piégé par la scientologie », *Le Journal du dimanche* du 15 juillet 1990.

2. Alain Frilet, « Les scientologues avaient un correspondant à l'intérieur », *Libération* du 21 juillet 1990.

passé selon la règle de l'appel d'offres. Informé par l'ingénieur des propositions de ses concurrents, Raoust n'a eu aucun mal à présenter le devis le plus bas : 17 790 francs. Cette modération dans la facturation présentait en outre l'avantage d'épargner à Dialogic l'enquête préalable des Renseignements généraux. Ce n'est qu'à partir de sommes largement supérieures que ces services prennent quelques renseignements sur les sociétés appelées à travailler pour le ministère de l'Intérieur.

Quelques jours plus tard, le quotidien fera cependant machine arrière en prenant acte du démenti de Patrick Claux, le patron de Dialogic [1]. Celui-ci affirmera, preuves à l'appui, que le contrat avec DTI du ministère de l'Intérieur résulte d'un travail de prospection du directeur commercial de la société qui n'est aucunement scientologue. Lorsque l'affaire éclatera, Patrick Claux, le président de Dialogic – qui n'est pas scientologue – déclarera qu'il est consternant qu'une société commerciale soit mise au pilori du fait des convictions religieuses d'un membre de sa direction et ajoutera que sa société « n'a rien à voir avec l'Église de scientologie ». A ce jour, il a gagné trois procès en diffamation contre des quotidiens et en a perdu deux autres *(Le Point, Le Journal du dimanche)*. Signalons que l'avocat de Dialogic au

1. Alain Frilet, « Les connexions de scientologie avec l'industrie », *Libération* du 31 juillet 1990. Néanmoins, le contractuel évoqué dans le premier article de *Libération* existe bien. Chef de la mission conseil assistance technique à la sous-direction informatique de la DTI, cet ingénieur a été embauché en janvier 1986 pour une durée de deux ans. Son contrat, renouvelé en 1988 pour une période équivalente, aurait dû normalement s'achever en janvier 1990. Mais, curieusement, le contractuel a été remercié le 1er avril 1989. Motif : les services du ministère de l'Intérieur le soupçonnaient d'avoir des liens avec l'Église de scientologie. Pour notre part, n'ayant pu trouver le moindre élément étayant cette accusation, nous avons préféré taire son nom.

En avril 1989, le contrat entre Dialogic et la DIT n'avait pas encore été signé. En revanche, l'appel d'offres était en préparation. Que s'est-il vraiment passé ? Le ministère de l'Intérieur, qui n'est pas sorti grandi de cette aventure, préfère garder ses petits secrets...

cours de ces différents procès, Dominique Inchauspé, est le défenseur actuel de l'Église...

Si Claux ne connaît pas la secte, cette dernière, en revanche, s'intéresse beaucoup à Dialogic. A preuve ce paragraphe extrait du rapport de la mystérieuse Edith, l'envoyée d'OSA International, en date du 20 juillet 1990. *Michel Raoust est venu se faire débriefer. Il nous a dit que le dossier Dialogic-Raid a été volé au siège de la société quelques jours avant la parution des articles de presse. Une plainte a été déposée.* [...] *Toute la stratégie est définie avec son avocat et Mourad Ossedik* [un des avocats de la scientologie]. Difficile de croire après cela que certaines informations confidentielles auxquelles ont eu accès les ingénieurs de Dialogic n'ont pas fini entre les mains des scientologues.

Le ministère de l'Intérieur affirmera pour sa part avoir été « piégé ». Apparemment, certains responsables n'ont pas gardé rancune à Michel Raoust de cette manœuvre. *De plus,* note Edith dans son rapport, *le chef du Raid a appelé Michel* [Raoust] *et lui a dit qu'il a reçu l'ordre de cesser tout contact. Mais il témoignera en sa faveur lors du procès* [en diffamation] *intenté au magazine.* Le chef du raid s'appelait à l'époque Ange Mancini. Quelques semaines après cette affaire, il sera muté à la direction du SRPJ de Versailles, poste qu'il occupait encore en décembre 1992. Il n'a jamais témoigné en faveur de Michel Raoust...

Le virus de l'entreprise

Toujours dans le registre de l'informatique, François Bonnet, ancien président de l'Église avant de devenir un des responsables d'OSA, dirige, lui, la société d'informatique Cobalt, à Montreuil.

Patricia Rochette, l'épouse du président de Narconon – un des principaux relais de la secte sur lequel nous reviendrons plus loin [1] –, Jean-Pierre Peignot, dirige Épargne Simulation, une société informatique spécialisée dans les techniques financières. Citons encore la société Estab, un cabinet d'informatique dirigé par Christian Fouché, scientologue discret, mais néanmoins très actif.

Abordons l'immobilier avec l'agence MBI. Dirigée par Max Barbault, cette société, installée à Versailles, Sceaux et Paris, travaille en étroite liaison avec l'Église. C'est par son intermédiaire que sont bradés les biens des fidèles à court d'argent pour payer les cours et auditions.

Didier L, ancien adepte, s'est ainsi retrouvé à la rue en 1987. Son aventure commence un an plus tôt. Didier a 26 ans et tient une boutique de produits régionaux à Paris. Les affaires marchent bien. Didier a même pu s'offrir un petit studio dans lequel il loge. Mais, depuis quelques semaines, un chagrin d'amour l'a plongé dans une profonde dépression. Un ami qui fréquente l'Église de scientologie l'entraîne alors au Celebrity Center, rue Legendre, à Paris, l'institut culturel de la secte. « Là-bas, ils sauront résoudre ton problème », lui affirme-t-il. Didier se lance dans la ronde infernale du cursus scientologue : séances de purification, exercices de communication, premières auditions... En quelques semaines, il a englouti ses économies. Et il n'est qu'au début de sa formation. Les scientologues l'incitent alors à vendre son studio : sa santé mentale vaut bien quelques sacrifices... Justement, ils connaissent une agence immobilière qui saura trouver rapidement un acquéreur : l'agence MBI du boulevard Malesherbes, à Paris. Marché conclu : le logement est vendu 130 000 francs. Un prix dérisoire, même pour un studio de 20 mètres carrés. En outre, la somme ne couvre pas les dettes que Didier a contractées auprès de l'Église.

Il se lance alors dans une série d'emprunts qu'il honore en jonglant avec la caisse de son magasin. Très vite, les recettes

1. Voir ce même chapitre, p. 151.

de la boutique, déjà sérieusement amputées par les versements à l'Église, ne suffisent plus à faire face aux remboursements. Sa banque l'interdit de chéquier. Les huissiers se pressent à la porte. Et la secte l'exhorte à suivre de nouveaux cours. Seule solution, vendre la boutique. Didier hésite : le magasin est sa seule source de revenus. Mais les scientologues se font pressants. Et, surtout, menacent de le mettre à l'index. Didier se résigne à faire appel à MBI. La boutique est vendue 180 000 francs, une bouchée de pain au regard des prix dans la capitale.

Avec le produit de la vente, Didier solde une partie de ses dettes et règle les cours auxquels on l'a incité à s'incrire. Résultat, il se retrouve sans un sou vaillant en poche. Surtout, il n'a plus, à présent, ni logement ni travail.

Didier va pourtant fréquenter l'Église pendant encore un an. Mais, ruiné, à la limite de la clochardisation, il intéresse soudain beaucoup moins les clarificateurs de la planète. Au bord du désespoir, Didier prend contact avec l'ADFI. Il raconte ses déboires. Et, après maintes hésitations, se décide enfin à porter plainte pour escroquerie...

Revenons aux sociétés immobilières. Danièle Gounord, la présidente de l'Église, dirige, ainsi que nous l'avons déjà indiqué, la SCI Le pavé haut, rue Viollet-le-Duc, à Paris. Son mari, Christian, qui a ouvert son propre cabinet d'auditeur, est, lui, à la tête de la société Profil. Il a en outre rejoint, à la fin de 1991, la société U Man France, en tant que consultant.

Viennent ensuite des activités plus diverses. Michel Houlette dirige Dacodeco, une société de construction et montages de décors, installée rue Daguerre, à Paris. Un télex d'OSA France du 11 juillet 1990 le présente en ces termes : *Le Chief Officer de la Croisade* [la série de manifestations lancée par l'Église à la suite des interpellations de Marseille, Lyon et Paris] *a été nommé. Il s'appelle Michael Ulet* [transcription phonétique de Michel Houlette : n'oublions pas que les rapports d'OSA sont à cette époque rédigés par une résidente américaine]. *Il est « clair » et c'est un gars coriace. Il est presque à plein temps, à l'exception de quelques heures par jour. Il a commencé cet après-midi, mais il a été renvoyé chez lui car il n'a pas dormi de la nuit. Il a en effet préparé les banderoles pour la manifestation du Trocadéro, près de la tour Eiffel.*

Eva Lefèvre, membre du département Relations publiques du bureau français d'OSA, est propriétaire de la société Trad'style communication, avenue des Champs-Élysées. Son mari, Pierre Lefèvre, lui aussi scientologue, dirigeait jusqu'en 1991, année de sa mise en liquidation, le cabinet informatique qui porte son nom.

Alain-Franck Rosenberg, le patron du Celebrity Center, est à la tête des Chaussures Footing et de la société de prêt-à-porter Politex, toutes deux installées cours de Vincennes, à Paris.

Les frères Dambrin, Dominique et Jean-Marc, scientologues de la première heure, ont, eux, monté une société spécialisée dans les techniques de vente, Dambrin Management.

Maryannick Courcenet, une autre dirigeante scientologue, est à la tête d'un cours de langues, Cybèle Langues, qui apparaît sur les listings des entreprises membres de WISE. Un secteur d'activité que semblent priser les scientologues, puisque la secte contrôle encore deux autres écoles de langues : Anglo Executive Service et Manhattan Langues. La première, société de droit étranger dirigée par Ulker Swann – dont le nom apparaît sur une demande de location de salle pour une réunion scientologue –, propose des stages aux États-Unis et en Grande-Bretagne. Les terres d'élection de la langue de Shakespeare, mais aussi de la scientologie...

La seconde est installée à Lyon. Ses principaux responsables Chantal Gauthier, Catherine Mazerand et Denise Michaud, ont été inculpés par le juge Georges Fenech dans le cadre de l'instruction sur la mort de Patrice Vick. Les inspecteurs de la Police judiciaire de Lyon ont découvert au cours de leurs investigations que Manhattan Langues complétait son personnel avec des *free loaders,* des adeptes surendettés qui travaillaient gratuitement afin de rembourser les cours et les séances d'audition que leur avait délivré l'Église. Certains avaient signé des contrats les engageant pour... cinq ans.

Cette main-d'œuvre on ne peut plus à bon marché permettait à Manhattan Langues d'adresser régulièrement des virements à l'antenne suisse de WISE, l'institut international des sociétés scientologues. Lors de leur perquisition en octobre 1990, les enquêteurs mettront la main sur plusieurs chèques libellés à l'ordre de l'institut pour un montant total de 200 000 francs [1].

Restons à Lyon avec la société ABLE France, dirigée par Jean-Claude Desgrands. ABLE France est une émanation du réseau international Association for Better Living and Education (ABLE), un département de l'Église de scientologie internationale qui coordonne les activités de la secte dans le domaine associatif (éducation, réhabilitation des drogués, des prisonniers...). Cette société et ses ramifications ont peu à peu remplacé le réseau des coordinations sociales (SOCO) déjà mentionné.

La responsable lyonnaise d'OSA France, Marie-Annick Bidenne, elle aussi inculpée par le juge Georges Fenech, dirige l'agence matrimoniale Marie Bodson. Cette officine s'est fait remarquer par ses petites annonces proposant des ressortissantes roumaines aux célibataires lyonnais...

1. Le juge Fenech se rendra à Genève pour enquêter sur WISE. A l'adresse indiquée (32, rue Malatrex), il ne trouvera aucune société de ce nom...

Des entreprises qui rapportent

Ce parc de sociétés constitue une source de revenus non négligeable pour la secte. On retrouve en effet la plupart des noms que nous venons d'évoquer sur les listes des donateurs de l'Association internationale des scientologues (IAS) publiées par le magazine *Impact*, la revue bimestrielle de l'IAS. Les mécènes sont répartis en cinq catégories : les Sponsors (dons supérieurs à 5 000 dollars), le Tableau d'honneur (de 20 000 à 40 000 dollars), les Patrons (de 40 000 à 100 000 dollars), les Patrons d'honneur (de 100 000 à 250 000 dollars), et les Patrons méritants (plus de 250 000 dollars).

Les scientologues français se concentrent dans la troisième tranche. Eva et Pierre Lefèvre, Danièle Gounord et Michel Réveillère ont ainsi versé chacun 40 000 dollars (200 000 francs) en 1987. Imités en 1988 par Christian Fouché, Christian Gounord, Michel Raoust et Gilles Vallet. Puis, en 1989, par Patrick Morin, Patrick Valtin [1] et ABLE France. Enfin, en 1991, Fabienne Bellot, qui dirige la société FA 7, spécialisée dans l'import-export d'articles de mode, est venue s'ajouter au peloton des donateurs.

Danièle Gounord et Michel Réveillère ont, en outre, versé chacun 20 000 dollars en 1987. Geste récompensé par une inscription au tableau d'honneur. Danièle Gounord a répété cette donation en 1991.

Rappelons-le, il s'agit officiellement de dons. Qui s'ajoutent à ce que dépensent déjà ces chefs d'entreprise pour leurs cours et auditions. Sans parler de ce qui leur est nécessaire pour vivre et entretenir une famille...

Il y a plus étrange. On relève en effet sur les listes publiées par *Impact* nombre de donateurs responsables d'organisa-

1. Ce dernier est répertorié sur la liste des donateurs belges.

tions satellites de la scientologie. Tous Patrons, à l'exception de deux d'entre eux.

En 1988 : Corinne Ichbiah, vice-présidente du Comité des citoyens pour les droits de l'homme (CCDH) ; son mari, Daniel ; et Claude Tizioli, trésorière d'Éthique et Liberté, l'association qui publie le journal du même nom.

En 1989 : Franck Padva, le secrétaire du Centre d'information sur la dianétique (CID) ; Jean-Luc Meuley, le président du CCDH ; son épouse, Hélène Meuley ; et Antoine Robert, président du Comité français des scientologues contre la discrimination (CFSD) en 1987, dirigeant du CCDH en 1988, et responsable d'OSA chargé des comptes (il figure également sur le Tableau d'honneur de 1991).

En 1990 : Luc Secrétain, trésorier du Comité français des scientologues contre la discrimination (CFSD) ; et Josiane Boureau, trésorière de l'Église de scientologie de Paris (Tableau d'honneur).

En 1991 : Alain Tizioli (Tableau d'honneur).

Ces versements sont d'autant plus méritoires que certains des scientologues cités, permanents de l'Église, touchent chaque mois un peu moins du SMIC. Sans doute auront-ils puisé dans leurs économies personnelles. Ou consenti des sacrifices héroïques...

Une seule certitude, les sommes en jeu sont considérables. On dénombre plus de trente-cinq donateurs à l'ISA parmi les scientologues français. A 40 000 dollars le don, cela représente au bas mot une rentrée de 1 400 000 dollars (8 400 000 francs) dans les caisses de l'organisation internationale. Une organisation qui ne délivre en échange que des titres honorifiques...

Denier du culte et fraude fiscale

Cette générosité contraste singulièrement avec la pingrerie de la secte à l'égard du fisc, comme le révèle un audit financier de l'Église de scientologie de Paris réalisé en juin 1988 par Jean Videlaine, expert-comptable du cabinet Robert Mazars.

Une collaboration dont le cabinet se mordra les doigts au lendemain des poursuites engagées contre l'Église. Dans un télex du 10 juillet 1990 adressé au Chef Officier d'OSA International, les agents du bureau français décrivent la situation en ces termes : *Il y a de l'affolement dans le cabinet Mazars. Ils ne veulent plus travailler avec nous tant que cette histoire* [les interpellations et les inculpations de Marseille, Lyon et Paris] *ne sera pas calmée. Videlaine, qui est l'expert-comptable chargé de notre dossier, n'est pas capable de manier ses associés. Videlaine lui-même est fiable. Il a été manié aujourd'hui par MF* [nous n'avons pu identifier cet agent d'OSA], *mais il est en train d'être marginalisé et il ne sait pas encore comment traiter la situation.* [Je] *n'ai pas encore d'idée très claire sur cette affaire si ce n'est que les autres sont évidemment PTS* [source potentielle de trouble] *en diable. Mais puisque nous ne traitons pas avec les autres associés, je préfère utiliser Lussan* [l'avocat Claude Lussan, spécialisé en droit bancaire]. *F 10* [l'agent des scientologues dont nous avons évoqué le rôle décisif dans le chapitre 1] *et Legall* [un des avocats de l'Église spécialisé dans les actions contre Interpol dont nous avons également mentionné le nom au chapitre 1] *vont manier ces dindons en suivant le programme.*

Si le cabinet Robert Mazars s'inquiète, ce n'est pas seulement par peur d'être éclaboussé par les déboires judiciaires de la scientologie. L'audit des comptes de l'Église de scientologie de Paris, remis le 30 juin 1988 par Jean Videlaine, fourmille de révélations qui prouvent tout simplement que la scientologie fraude le fisc !

Comme l'explique l'expert-comptable dans sa présentation, ce rapport a été commandé par les scientologues après que ceux-ci ont été soumis à un contrôle fiscal portant sur les exercices de 1981, 1982, 1983 et 1984. Prévoyante, l'Église a demandé au cabinet Mazars d'examiner les comptes des trois exercices suivants, soit jusqu'en 1987.

Qu'apprend-t-on ? D'abord que les scientologues ont systématiquement minoré leurs recettes entre 1981 et 1984. D'après les calculs de Videlaine, qui confirment les chiffres retenus par l'administration fiscale, celles-ci se sont élevées à un peu plus de 45 millions de francs. L'Église n'a déclaré que 39,9 millions. Deuxième information intéressante, les dépenses. Les scientologues les ont estimées, toujours pour la période considérée, à 46,4 millions. Le fisc, lui, les a chiffré à 35,3 millions.

Pourquoi cet écart ? A cause de « la non-prise en compte par le contrôleur fiscal des paiements aux autres Églises françaises, ou étrangères, de certains honoraires et de la moitié des frais de voyage et de séjour », explique Videlaine. Les contrôleurs des impôts ont considéré que ces dépenses s'apparentaient, pour ce qui est de la France, à un jeu d'écritures, et, pour l'étranger, à une évasion fiscale. L'argent, en effet, ne sort pas de l'Église. Il s'agit de transferts de fonds nationaux et internationaux. Intéressons-nous à ces derniers. Le rapport nous apprend que l'Église de Paris a versé, entre 1981 et 1984, 3 millions de francs *à des organismes étrangers appartenant à l'Église de scientologie au titre de remboursement de frais pour les cours de formation et de redevances diverses.*

Précision intéressante de l'expert-comptable, *certains versements ont transité par les comptes d'une autre association française, l'ESAC (anciennement ENC)* [539 000 francs en 1981 et 600 000 en 1982] *avant d'être transférés au Dane-*

mark ou aux États-Unis ». Dans ce dernier pays, rappelons-le, l'Église bénéficie d'une exemption fiscale en vertu de son statut religieux.

Dès lors, le mécanisme devient transparent. Une partie des recettes est transformée en redevances ou remboursements et prend le plus légalement du monde le chemin des États-Unis. Échappant ainsi à l'impôt.

Ces redevances et remboursements semblent en effet sujet à caution. Examinons d'abord les frais de séjour et de voyage. Pour « attester » les niveaux OT – en clair, passer les grades de « thétans opérationnels », les scientologues français sont obligés de se rendre au Danemark ou aux États-Unis. Ils règlent les frais de voyage, de formation et de séjour à l'Église parisienne qui les reverse, souvent après avoir prélevé une commission, aux Églises concernées. Cependant, on s'interroge. Le rapport, rédigé, rappelons-le, en 1988, nous apprend que *l'archivage des pièces justificatives* [de 1981 à 1984] *n'était pas terminé à la date de nos contrôles.* Singulière négligence. *Toutefois,* reprend Videlaine, *nous avons pu vérifier les frais de l'année 1983, que l'association a pu justifier à hauteur de 80 % du montant total.*

Soit, mais le contrôle de la réalité de ces pièces reste néanmoins très aléatoire. Comment vérifier qu'une facture adressée, par exemple, par le centre européen de Copenhague, correspond bien à une formation effectivement reçue par un scientologue français ? Les agents du fisc n'ont aucunement le pouvoir et les moyens d'aller vérifier sur place.

Abordons à présent les redevances. Un tableau joint en annexe du rapport énumère les conventions qui lient l'Église de Paris aux autres organisations scientologues : CSI (Church of Scientology International), AOSHEU & AF (Advanced Organisation Saint-Hill Europe & Africa, le centre européen de Copenhague) et New Era Publications.

Juridiquement, ces entités sont distinctes. Mais comment ne pas croire qu'il s'agit là d'une astuce fiscale lorsqu'on découvre que, de 1981 à 1984, l'Église de Paris a versé 1 589 000 francs à l'Église internationale, essentiellement au titre de l'utilisation de la marque *scientologie*...

De deux choses l'une, soit la scientologie est une organisation religieuse, soit elle est une société commerciale. Encore une fois, la question est posée. Le rapport fournit encore d'autres éléments d'appréciation. En consultant le tableau comparant les chiffres « corrigés » – ceux du cabinet Robert Mazars – et les chiffres retenus par l'administration fiscale, on s'aperçoit que, même après redressement, l'Église est gagnante. A l'issue de leur vérification, les services des impôts étaient arrivés à un total de 45 324 000 francs de recettes pour la période 1981-1984. Les calculs du cabinet d'experts-comptables font monter la somme à 47 402 000 francs. Autrement dit, le fisc était encore endessous de la vérité.

Dernier enseignement de ce document, la nette expansion de l'Église au cours de ces dernières années. En 1981, ses recettes se montaient à 5 350 000 francs. En 1987, elles ont atteint 13 732 000 francs. 1 milliard 300 millions de centimes pour le seul centre du 65 rue de Dunkerque à Paris. Un centre qui accueille à peine un quart des effectifs de la secte en France...

Confiez-nous vos enfants

> *Cours individualisés tous niveaux* [...]. *Si vous voulez que votre enfant s'intéresse à ses études, qu'il ait plus de confiance en lui et soit plus épanoui, appelez dès aujourd'hui notre équipe.*
>
> *Soutien à l'année, maths-français, déblocage et rattrapage. Méthode personnalisée. Appelez-nous pour un entretien personnalisé.*

Deux affichettes apparemment banales. Semblables aux dizaines d'offres de cours qui tapissent les abords des lycées à chaque rentrée scolaire. Pourtant, celles-ci sont différentes. Derrière ces « soutiens individualisés » et autres « déblocages » se dissimule en effet l'Église de scientologie. Fidèles à l'enseignement de leur maître, les scientologues ont envahi « toutes les activités qui existent ». Y compris l'éducation.

Et, comme d'habitude, ils avancent masqués. *Nous utilisons la méthode Hubbard pour un enseignement de meilleure qualité, non confessionnel,* précisent pudiquement certains prospectus de ces cours privés – mention qui nécessite de bons yeux pour pouvoir être déchiffrée tant les caractères en sont minuscules. La méthode Hubbard... Rares sont les parents d'élèves qui ont entendu parler de Hubbard. Quant au caractère « non confessionnel » de l'enseignement dispensé, il s'agit là d'une affirmation mensongère. Comment imaginer qu'un scientologue, à qui tous les écrits de Ron commandent de se livrer au prosélytisme, renonce soudain à diffuser le message de la secte ?

Bref, l'objectif est toujours le même : infiltrer la société civile et recruter. Hubbard n'en fait pas mystère : *Si, dans le cours des quinze prochaines années, les scientologues se spécialisent dans l'audition de groupe des enfants, tous les buts de la scientologie se réaliseront.* [...] *De quels passeports avez-vous besoin pour aider la jeunesse ? Aucun ! De quelles recommandations, quels papiers, quels chiffres, documents historiques, statistiques ou autres bouffonneries avez-vous besoin pour aider les enfants ? Aucun ! Est-ce que les groupes d'enfants manquent ? Non ! Où en trouve-t-on ? Dans les écoles, les hôpitaux, les orphelinats, dans les associations en faveur des enfants, dans les organisations pour garçons et filles comme le scoutisme, dans les écoles du dimanche et partout ailleurs où se trouvent des gens intéres sés à mener la bataille pour mener l'enfant d'aujourd'hui à devenir l'adulte sain d'esprit de demain*[1]. »

On ne dénombre pas moins de sept cours scientologues en région parisienne. Quatre à Paris : Mme Boublil, Bernard Dimanche (un ancien de la société de conseil en entreprise Ciborg) dans le IXe arrondissement, Emmanuel de Brie dans le XVIIe et le XVIIIe arrondissement, Gérard Foos dans le XVIIe arrondissement. Et deux en banlieue parisienne : Irène Chartry à Asnières et l'IFFAJ à Aulnay-sous-Bois.

L'IFFAJ a pris le relais du cours Michel Barbas, contraint de fermer boutique en 1990. L'affaire commence en 1987. Plusieurs familles qui ont confié leurs enfants à Barbas s'étonnent des curieuses méthodes pédagogiques de ce dernier. Alertés, les associations de parents d'élèves et les syndicats enseignants ne sont pas longs à découvrir que le cours n'est qu'un paravent de la scientologie. Un tract est distribué. On organise des réunions d'information. La presse locale s'empare de l'affaire. Le député-maire de la circonscription, Jacques Mahéas, dépose une question écrite dans laquelle il demande au ministre de l'Intérieur *de prendre des mesures afin de protéger les jeunes et les familles qui pourraient être abusés par le caractère anodin* des publicités du cours Barbas.

Mais le scientologue s'accroche. Il ouvre en 1988 un « Study Center » et embauche huit salariés, pour la plupart scientologues. Les protestations continuent. En vain. C'est finalement l'URSSAF qui, en 1990, aura raison de ses activités en lui infligeant un redressement de 300 000 francs. Michel Barbas décide alors de passer la main. D'autant qu'il doit d'importants arriérés de loyer. Repris par une de ses collaboratrices, Mme Patte, le Study Centers change d'adresse et prend le nom d'IFFAJ.

Barbas, qui est aussi le trésorier de l'association Vie nouvelle, le centre de purification de l'Ile-de-France, continue-

1. Lafayette Ron Hubbard, *Bulletins techniques,* vol. 1, p. 319.

rait, aux dernières nouvelles, de dispenser des cours à domicile...

Le ministère de l'Éducation, pour sa part, ne restera pas inactif. Une circulaire de juin 1988 signée du directeur des lycées et collèges invite les recteurs d'académie à lui rendre compte *des tentatives d'ingérence des différentes sectes* en milieu scolaire. A l'origine de cette lettre, l'affaire Barbas, mais aussi un courrier du Celebrity Center adressé quelques mois plus tôt à certains directeurs d'écoles artistiques. *Le centre culturel de l'Église de scientologie accepte la candidature de personnes capables ayant terminé* [sic] *des études dans votre école, désireuses d'aider les autres et de progresser personnellement,* écrivent les scientologues. *Notre fonctionnement permet une prise de responsabilité rapide et peut permettre à toute personne motivée d'être formée dans des domaines variés. (Comptabilité, marketing, communication, relations publiques...)* [...] *Adressez vos demandes à M. André Djemad.* On l'a compris, le Celebrity Center se présente comme une école de perfectionnement. Une manière originale de recruter...

La consigne du ministère sera sans équivoque : les chefs d'établissement *doivent refuser tout contact avec le Celebrity Center.*

La scientologie aura vent de la lettre du directeur des lycées et collèges. Usant de son droit d'accès aux documents administratifs la concernant, elle réclame la copie des échanges de courrier entre le ministère et les recteurs. Et l'obtient. OSA International prend alors les choses en main. Dans un télex du 6 avril 1989 adressé à Danièle Gounord, la présidente de l'Église, et Martin Weightman, un des responsables d'OSA France, l'officier américain en charge de notre pays se montre très inquiet de l'attitude du ministère. Une enseignante scientologue du nom de Liebard, apprend-t-on dans la lettre, doit passer prochainement en conseil de discipline. Les conditions sont réunies pour que se déclenche une campagne de presse « montrant que la scientologie essaie d'infiltrer les écoles ».

Nous devons prévenir et manier cette scène enthéta [situation hostile en langage scientologue], poursuit le dirigeant d'OSA International. *Les scientologues français devront prendre contact avec le ministère et proposer un accord en deux points :* 1. *L'Église respecte la séparation entre l'Église et l'État et n'essaiera pas de recruter dans les écoles* [...]. 2. *La technologie d'étude de Hubbard est une technologie séculaire qui a pour but d'aider les élèves.*

Inutile de dire que cette proposition irréaliste d'entrevue s'est heurtée à une fin de non-recevoir.

Le ministère de l'Éducation nationale n'a cependant pas toujours été aussi clairvoyant. Dans le numéro de juin 1979 du *Courrier de l'Éducation nationale,* le bulletin du ministère, on peut en effet découvrir le témoignage élogieux d'une certaine Mme Lelièvre, professeur de lycée à La Courneuve, sur les méthodes du Groupe pour l'amélioration des méthodes d'enseignement (GAME). Qu'est-ce que le GAME ? Tout simplement la structure qui rassemble les enseignants scientologues. Présidée par Jacques Pichon, professeur agrégé de mathématiques au lycée Saint-Louis, à Paris, elle est installée 11 rue du Général-Blaise dans le XIe arrondissement de la capitale, siège jusqu'à une date récente du réseau des coordinations sociales, SOCO.

La brochure de présentation du GAME définit le groupe comme *une association qui a pour but l'épanouissement des élèves à l'école en faisant connaître et appliquer la méthode d'étude mise au point par L. Ron Hubbard.* En quoi consiste cette méthode ? La brochure renvoie à un long article paru en novembre 1977 dans le magazine *Terre Air Mer* (TAM), revue officielle du ministère des Armées. Un article signé... Michel Raoust, l'informaticien scientologue qui a travaillé pour le ministère de l'Intérieur. A l'évidence, il avait aussi ses entrées au ministère de la Défense.

Le texte, qui ne fait à aucun moment référence à l'Église de scientologie, s'appuie – s'en étonnera-t-on ? – sur l'exemple de Jacques Pichon, le professeur du lycée Saint-Louis. Surprise : la méthode Hubbard, dénommée « Apprendre à apprendre », est identique à celle utilisée dans les cours de scientologie. Elle consiste pour l'essentiel à consulter un dictionnaire chaque fois que l'on ne comprend pas un mot. Un réflexe élémentaire qui, en soi, n'a rien de pernicieux. Mais qui, entre les mains des scientologues, tourne rapidement au bachotage systématique.

Les élèves doivent réciter leurs définitions devant un « superviseur de cours ». S'ils trébuchent, ils sont renvoyés devant le « clarificateur de mot », un scientologue chargé de les aider à surmonter leurs difficultés. A l'aide de pâte à modeler, de trombones, de ficelle et autres accessoires de bureau, ils devront représenter le mot sur lequel ils bloquent jusqu'à ce que le clarificateur se montre satisfait. Pour Hubbard, les phénomènes d'incompréhension sont en effet provoqués par l'absence de l'objet étudié. Passe encore lorsqu'il s'agit d'un objet physique que l'on peut représenter matériellement. Mais comment exprimer une relation, un sentiment, une idée, un raisonnement... ? Bref, on est là aux antipodes de la pensée conceptuelle. Bachotage et représentation identitaire ne visent en fait qu'à annihiler tout sens critique chez l'élève. Le premier pas sur le chemin de l'endoctrinement...

Le GAME a souvent abusé l'Éducation nationale. Dans un courrier de septembre 1982 adressé au ministre, un des responsables du SNI PEGC, Michel Gevrey, dénonce une des manipulations auxquelles s'est livrée la secte : *L'inspecteur d'académie du Puy-de-Dôme a envoyé à tous les établissements de son département, le 2 février 1982, une note de service autorisant un stage du Groupe pour l'amélioration des méthodes d'enseignement Hubbard. Il était précisé que les enseignants désireux de participer à ce stage auraient d'ailleurs à acquitter la somme de 700 francs pour six jours de stage, plus 100 francs pour la cotisation à l'organisation. Cette lettre est extrêmement précieuse pour le GAME. En effet, il l'exhibe à quiconque leur pose des questions et il s'en sert comme d'un témoignage de reconnaissance officielle de l'Éducation nationale.*

Écoles en tous genres

La scientologie ne se contente pas d'infiltrer le monde de l'éducation. Elle a aussi ses propres établissements d'enseignement. Dirigée par Arlette Chapellet, l'épouse du chef d'OSA, Jean-Paul Chapellet, l'École de l'Éveil, située 11 passage Courtois, à Paris, accueille cent trente élèves, pour moitié enfants de scientologues. La scolarité, qui coûte environ 3 000 francs par mois, va du cours préparatoire à la classe de première. A la différence des établissements classiques, les élèves progressent à leur propre rythme dans chaque matière. Les classes séparées n'existent pas. A la place, des groupes de niveaux qu'on rejoint ou qu'on quitte dès que le besoin s'en fait sentir. Une formule à la carte séduisante.

Mais on est bien dans une école scientologue. Si l'on y suit les programmes officiels de l'Éducation nationale, on n'oublie pas pour autant d'étudier les écrits de Hubbard sous la férule des superviseurs de cours et autres clarificateurs de mots. Les élèves, dès leur entrée dans le secondaire, doivent maîtriser la « technique de l'étude » du père de la scientologie ainsi que le précise la brochure de présentation de l'établissement.

Surtout, l'école est sous la haute surveillance d'un « responsable de l'éthique ». Pour Arlette Chapellet et la vingtaine d'enseignants qui l'entourent, toute difficulté scolaire persistante résulte d'un blocage psychologique qu'il faut briser. C'est la tâche du responsable de l'éthique, qui « assigne des conditions ». En clair, il « manie » les cas difficiles. Cela peut prendre la forme d'entretiens visant à détecter l'éventuelle présence d'un suppressif dans l'entourage de l'enfant, mais aussi la prescription de séances d'étude (les « conditions ») – des textes de Hubbard. Dans une interview parue dans la *Lettre magazine* de juin 1987, un éphémère bulletin de liaison des scientologues, Arlette Chapellet définit en ces termes le rôle de ce surveillant général bien particulier : *Nous avons un responsable de l'éthique à temps plein. Les élèves qui ont besoin de son aide apprennent à appliquer les conditions et on les tire d'affaire comme cela. Quelquefois, il faut même s'occuper des parents et de l'entourage. Cela marche très bien, les enfants comme les parents aiment beaucoup.* Bref, on met tout le monde au pas. Les enfants comme les parents.

Créée en 1983, l'École de l'éveil s'est dotée en 1985 d'une société civile immobilière, Gestéveil, dirigée par Denis Lefèvre – et qui compte parmi ses actionnaires l'inévitable Michel Raoust – afin de pouvoir acquérir des locaux, mais aussi diffuser du matériel pédagogique.

En janvier 1992, l'École de l'éveil a réussi à faire parrainer l'un de ses spectacles par la... mairie de Paris. Les cartons d'invitation étaient ainsi rédigés : *Le maire de Paris vous prie de bien vouloir assister à la représentation de « New York, nous voilà ! » Spectacle pour enfants réalisé par l'École de l'éveil. Le samedi 25 janvier 1992, à 15 h 30, théâtre du Gymnase...*

A l'hôtel de ville, après quelques explications embarrassées, on reconnaîtra s'être fait piéger. Le bureau d'aide sociale, sollicité quelques mois auparavant, aurait accepté d'acheter une cinquantaine de places du spectacle pour les enfants d'un foyer de déshérités dont il a la charge. L'École de l'éveil, forte de ce soutien matériel, aurait alors pris l'initiative de faire figurer sur les cartons d'invitation le nom du maire. Sans l'autorisation du service des parrainages... Une explication qui en vaut une autre.

Jusqu'en 1983, la scientologie disposait également de sa proche crèche, Théta Péda. L'établissement – agréé par la Direction départementale de l'action sanitaire et sociale ! – était dirigé par Nicole Dambrin, une parente des frères Dambrin dont nous avons parlé plus haut.

Mais voilà, Nicole Dambrin, sans doute plus soucieuse de l'intérêt des enfants que de l'orthodoxie, s'est au fil des ans éloignée de l'enseignement du maître, la « tech de Ron », pour reprendre la formule en usage dans l'Église. Surtout, elle n'a pas hésité à faire appel à d'autres méthodes pédagogiques.

Résultat, le 19 octobre 1983, une mise en garde était adressée à tous les scientologues par le responsable du réseau des coordinations sociales, SOCO : *Nicole Dambrin utilise dans son groupe différentes techniques (Doman, Freinet...) à côté de celles développées par L.R.H.* [Ron Hubbard] *pour l'éducation des enfants.*

En outre, elle y reçoit les enfants de « scientologues » qui se sont tournés contre l'Église et de personnes déclarées suppressives. Elle permet à ces parents d'accompagner leurs enfants à la crèche et entretient des relations personnelles avec une SP [suppressive].

[...] *Nicole a été informée à plusieurs reprises par SOCO (Bureau des coordinations sociales en charge des groupes utilisant les techniques de L. Ron Hubbard dans les domaines séculiers) qu'elle devait se mettre en règle, cesser ses relations avec des suppressifs et arrêter de mélanger les pratiques.*

Nicole et son groupe sont en mauvais standing tant que cette situation persiste, et il est par la présente demandé à tous les scientologues d'enlever ou de ne pas mettre leurs enfants dans cette crèche.

Nicole Dambrin ne se pliera pas à ces injonctions. Le 16 juin 1984, une seconde circulaire annonce la mise en place d'un « comité d'évidence », un tribunal qui devra statuer sur le sort de Nicole. Le document énumère les chefs d'accusation portés contre la récalcitrante :

Délits :

• *S'écarter sciemment et de façon répétée de la technologie standard, des procédures d'instruction ou des règlements.*

• *Altération ou ignorance continuelle d'un règlement majeur.*

Crimes :

• *Mettre en danger la scientologie et les scientologues.*

• *Refus de se soumettre à la discipline.*

• *Ridiculiser, mépriser ou rejeter des matériaux ou des règlements scientologiques.*

• *Auditer, aider ou réconforter une personne ou un groupe suppressif.*

Quelques semaines plus tard, Nicole Dambrin sera déclarée suppressive et exclue de la secte...

La scientologie a aussi ses écoles artistiques. La plus active est sans conteste l'École du rythme dirigée par Dominique Pizzinat, un ancien musicien de l'imitateur Patrick Sébastien. C'est en 1983, avec sa femme, une ancienne assistante de production de TF1, qu'il fonde son école. Objectif : appliquer les théories de Hubbard – qu'il a découvert en 1978 – à l'enseignement de la musique. Le cours débutera modestement : une vingtaine d'étudiants entassés dans un deux-pièces du Ve arrondissement. Petit à petit, les effectifs augmentent. Pizzinat change de local et s'installe rue du Pot-de-Fer. 500 mètres carré. Il est vrai que le nombre d'étudiants avoisine aujourd'hui les six cents personnes. Pizzinat reconnaît sans peine que l'École du rythme est une des plus chères de Paris. Environ 7 000 francs pour une cinquantaine d'heures de cours instrumentaux, autant pour le chant. Débours auquel il faut ajouter les différents livrets. Le moins cher est à 770 francs, le plus cher à 3 000 francs. Et il y en a huit... « Mais nous devons former nos enseignants », se justifie Pizzinat. Et verser également des royalties à WISE, l'institut mondial des entreprises scientologues dont l'École du rythme est membre. Sans compter les dons du fondateur de l'école à l'Association internationale des scientologues. Dominique Pizzinat est en effet Patron depuis 1987.

Sur la quinzaine de professeurs que compte l'école, dix sont scientologues. « Nous ne faisons pas de prosélytisme outrancier, reprend le maître des lieux. Mais, si un élève montre un intérêt pour la scientologie, nous l'orientons vers l'Église. »

Pizzinat se flatte d'avoir accueilli au sein de son école Michel Cywie, le compositeur de Michel Delpech, Françoise Hardy, Jean Guidoni et Sapho.

En janvier 1988, l'École du rythme se livrera à une grande campagne de publicité dans les couloirs du métro parisien. Sans, bien entendu, faire référence à l'Église de scientologie. La société Métrobus, propriétaire des emplacements, aurait accordé de substantiels rabais à l'école, selon la propre version des dirigeants de celle-ci.

Plusieurs journaux remarqueront la chose. Et alerteront leurs lecteurs. Ce qui n'empêchera pas Danièle Gounord de déclarer crânement que l'Église n'a aucun lien avec l'école. Alors qu'elle est franchisée WISE...

Toujours dans le domaine artistique, il faut encore citer le cours de dessin Aimé Venel (franchisé WISE), Création et Futur (franchisé WISE) de Rose-Marie Cieux (Patron de l'IAS depuis 1988), l'Association des amis de l'Actuation-école de l'acteur à Vincennes, Art et Musique à Savigny-sur-Orge, Art et Diffusion à Paris XXe, Prima Linéa à Paris XVIIe. Moins importants que l'École de l'éveil et celle du rythme, ces cours drainent cependant vers la scientologie leur lot de nouveaux adeptes.

Une association peut en cacher une autre

Autres paravents de la secte, les associations. On en recense près d'une dizaine. Parmi celles ayant déposé leurs statuts auprès de la préfecture de police de Paris, mentionnons : la Ligue pour une justice honnête [1], le Comité d'action pour le respect des droits de la défense (CARDD) [2], Éthique et Liberté [3], qui édite le magazine du même nom, OT Committee [4] (le comité des Thétans opérationnels)... Sans oublier les trois associations dont nous avons déjà parlé à propos des listes de donateurs de l'Association internationale des scientologues : le Comité français des scientologues contre la discrimination (CFSD) [5], la Commission des citoyens pour les droits de l'homme (CCDH) [6], le Centre d'information sur la dianétique (CID) [7]...

Plusieurs de ces associations sont en sommeil. Elles n'ont en fait aucune existence autonome et servent simplement de cache-sexe à l'Église. Fiction « religieuse » oblige, la scientologie ne peut ouvertement se mêler des affaires de ce bas monde – la plupart des tracts distribués au cours des différentes manifestations de protestation du printemps 1990 seront ainsi signés par le CCDH ou le CFSD. En outre, la multiplication des sigles (vieille recette militante) permet de faire nombre et impressionne toujours le néophyte. A condition cependant que celui-ci n'aille pas y regarder de trop près. L'adresse du CCDH, 54, rue Custine à Paris, corres-

1. Ligue pour une justice honnête : 26, rue Dautancourt, 75017 Paris. L'association apparaît très épisodiquement.
2. CARDD : 11, rue de Panama, 75018 Paris. L'association semble aujourd'hui en sommeil.
3. Éthique et Liberté : 65, rue de Dunkerque, 75009 Paris.
4. OT Committee : 60 *bis*, rue Boursault, 75015 Paris.
5. CFSD : 25, rue de Lévis, 75017 Paris.
6. CCDH : 54, rue Custine, 75018 Paris.
7. CID : 41, boulevard de Ménilmontant, 75011 Paris.

pondait en 1990 à une chambre de bonne louée par Gérard Hendrik Von Oort, un scientologue néerlandais qui n'a aucune responsabilité dans l'association...

De la drogue à la secte

Toutes les associations scientologues ne sont cependant pas de cet acabit. Ainsi Narconon (« Non aux narcotiques »), une association de lutte contre la drogue. Dirigée par Jean-Pierre Peignot, elle accueille chaque année plusieurs dizaines de toxicomanes dans son centre de désintoxication du château Lagarde, à Saint-Goin, dans les Pyrénées-Atlantiques. Selon la version scientologue, le premier centre Narconon aurait été fondé en 1966 aux États-Unis par un ex-détenu du nom de Benitez, qui cherchait à sortir de la drogue. Converti aux thèses de Hubbard après la lecture des *Fondements de la pensée,* la première mouture de *La Dianétique,* il aurait eu l'idée d'appliquer la procédure de purification aux toxicomanes. N'éliminait-elle pas tous les résidus chimiques ou radio-actifs emmagasinés par le corps ?

Officiellement, il s'agit donc d'aider les drogués à rompre avec leur dépendance. En fait, l'histoire de Narconon montre que cette préoccupation est secondaire. L'objectif premier reste la pénétration de cercles que la scientologie ne peut approcher drapeau déployé. Quoi de mieux qu'une croisade contre la drogue pour piéger des personnalités mal informées ? Recruter des toxicomanes repentis ne présente qu'un relatif intérêt. Les paradis artificiels ont souvent vidé pour longtemps leur bourse. Au mieux, ils pourront rejoindre les fourmis besogneuses du staff, corvéables à merci et sous-payées. Certes, on peut toujours tomber sur un fils de famille dont les parents sont prêts à tous les sacrifices. Mais ils sont rares. Et la secte a besoin d'argent.

Narconon est apparu en France en 1977. Le centre s'est

d'abord installé près de Compiègne, à Retheuil, puis a émigré, en 1982, à Grancey-sur-Ource dans la Côte-d'Or. Dès l'année suivante, en décembre, Narconon défraie la chronique. Quelques journalistes curieux découvrent en effet que l'association a un stand au Salon de l'enfance. Juste à côté de celui du... GAME, l'association des enseignants scientologues. La secte est venue en force. On apprendra par la suite que Narconon et le GAME avaient déjà loué un emplacement les années précédentes. Depuis 1978, très exactement. Les prix n'étant pas donnés (260 000 francs pour les deux stands de 1983), le jeu devait en valoir la chandelle...

En 1984, Narconon fait à nouveau parler de lui. Cette fois, tragiquement. Dans la nuit du 22 au 23 novembre, Jocelyne Dorfmann, 35 ans, originaire de l'Essonne, décède vingt-quatre heures à peine après son arrivée au centre de Grancey-sur-Ource. La jeune femme voulait se libérer de sa dépendance à l'égard des barbituriques. Les scientologues – dont aucun n'a de qualification médicale – lui imposent un sevrage total. Dans l'après-midi du 22, Jocelyne Dorfmann est prise de malaises. Les scientologues « diagnostiquent » une crise de manque. On juge inutile d'appeler le médecin du village. La nouvelle pensionnaire attendra bien le rendez-vous qui a été pris avec le praticien pour le lendemain. En début de soirée, l'état de Jocelyne s'aggrave. Le directeur du centre, Bernard Mahieu, est absent. Il ne rentrera qu'à 23 h 30 après avoir donné une conférence sur les « bienfaits de Narconon ». Philippe Chavanne, 23 ans, le « superviseur de cours », entreprend de soigner la malade avec du vinaigre de cidre dilué dans de l'eau et additionné de calcium. Une recette puisée dans les écrits de Hubbard. Voudrait-il appeler des secours d'urgence qu'il ne le pourrait pas. La clé du bureau où est installé l'unique téléphone a été égarée. Jocelyne Dorfmann plonge dans un coma profond. Il est 1 heure quand les scientologues se décident enfin à appeler le SAMU. « Vous vous foutez de nous, elle est déjà morte ! »

lâchera l'interne de garde de l'hôpital de Châtillon-sur-Seine, accouru sur les lieux avec un anesthésiste réanimateur.

Le 9 janvier 1987, la tribunal correctionnel de Dijon, condamnera Bernard Mahieu et Philippe Chavanne à un an de prison avec sursis et une amende de 10 000 francs pour non-assistance à personne en danger. La famille de la victime, qui était mère de deux enfants, se verra allouer 393 000 francs de dommages et intérêts. Le centre de Grancey sera fermé.

On apprendra au cours de l'audience que Narconon, qui facturait 330 francs la journée de cure, accompagnait la procédure de purification (quatre à cinq heures de sauna quotidiennes, jogging, absorption de Niacine), de cours de scientologie et de séances d'audition à l'électromètre. Bref, le programme habituel de la secte.

Côté intendance, les frais étaient réduits au minimum. Les pensionnaires préparaient les repas (pâtes, riz, pommes de terre), faisaient le ménage et travaillaient à la réfection du manoir du centre. Afin de prévenir toute défection, leurs papiers d'identité étaient confisqués à leur arrivée.

Tous ces détails avaient apparemment échappé au maire de Grancey-sur-Ource. Quelques mois avant le décès de Jocelyne Dorfmann, en avril 1984, il avait décerné... une médaille de reconnaissance aux animateurs de Narconon. Flattée, la scientologie fera déplacer pour la circonstance une de ses responsables internationales, l'Américaine Janet Weyland, et une des dirigeantes d'OSA France, Patricia Forestier.

Le 12 décembre 1986 : l'Union nationale pour l'avenir de la médecine (UNAM) organise un gala « Soirée Bercy pour la vie » sous le patronnage du ministre de la Santé de l'époque Michèle Barzach. Un spectacle de cirque destiné à financer une campagne de prévention contre la drogue. Le comité de parrainage rassemble des personnalités connues : Brigitte Bardot, Raymond Barre, Jean-Paul Belmondo,

Dalida, Eugène Ionesco, Line Renaud... Et un certain Jean-Pierre Peignot, le président de... Narconon.

Comment Peignot, malgré le scandale entraîné par la mort de Jocelyne Dorfmann, a-t-il réussi à se glisser dans cette manifestation ? La réponse est à chercher du côté du journal *Profil* un bulletin distribué à 100 000 exemplaires auprès des médecins. Soutenant activement la campagne de prévention dont le gala doit marquer le lancement, *Profils* avait publié quelques semaines plus tôt [1] un article fort élogieux sur Narconon. Son directeur, Bernard-Claude Savy, membre du Conseil national de l'Ordre des médecins, député apparenté RPR de 1986 à 1988 (cet inconditionnel de l'union de la droite, Front national inclus, se signalera notamment par le dépôt d'un amendement supprimant le remboursement de l'avortement) est aussi le directeur de l'UNAM, l'association organisatrice du gala [2]...

L'article de *Profils* est très instructif. Son auteur, un certain « docteur P. Cazin », médecin généraliste, commence par se féliciter d'avoir dirigé une de ses patientes, héroïnomane, vers Narconon. Dès le second paragraphe, il rend hommage à la thèse de sa consœur Isabelle Tzanck (dont nous avons déjà parlé au début de ce livre [3]) consacrée à Narconon. Sans toutefois préciser qu'elle est scientologue, comme le confirmera à partir de 1988 la présence de son nom sur les listes des patrons de l'Association internationale des scientologues. Un oubli...

Surtout, le Dr Cazin cite une lettre (ou un article, la nature du texte n'est pas précisée) du 8 juin 1984, signée par

1. *Profils médico-sociaux,* 18 novembre 1986.

2. En mars 1985, *Profils* avait déjà consacré un article à l'Église de scientologie intitulé « Ces religions qu'on appelle des sectes ». Confinant à la propagande pure et simple, le texte livrait en conclusion l'adresse et le numéro de téléphone de la secte. Indications précédées de la mention *Pour tout renseignement, contacter : Église de scientologie* [...] (*Profils médico-sociaux,* 29 mars 1985).

3. Voir chapitre 1, p. 19.

le Pr Pierre Lépine, membre de l'Institut, conseiller de Paris, chargé de mission pour les questions d'hygiène et de toxicomanie. *On ne peut qu'approuver pleinement les techniques suivies à la suite de certains médecins américains (G. Denk, M. Shields et S. Brunton) et le programme Narconon dont j'ai pu personnellement constater sur place les heureux effets,* écrit le professeur. *Je ne puis donc que recommander formellement les cures de désintoxication du type de celles pratiquées par Narconon.* Comme de coutume, l'article, qui détaille très précisément le déroulement des cures Narconon, ne fait nullement référence à l'Église de scientologie. On parle juste des *recherches de L. Ron Hubbard, dont l'activité s'est exercée tant sur le plan philosophique que sur le plan scientifique.* Les cours et les auditions de scientologie qui accompagnent la procédure de purification sont présentés comme des *exercices de communication* qui amèneront les toxicomanes *à comprendre les fondements de la communication, à augmenter leur aptitude à communiquer efficacement avec les autres et à faire face aux événements de la vie.* Au passage, le Dr P. Cazin n'oublie pas de faire la publicité du cours « Apprendre à apprendre » : *L'apprentissage* [par le toxicomane] *d'une technique d'étude, d'une façon efficace pour apprendre, va corriger ses échecs passés et le rendre capable de suivre ultérieurement des études ou une formation adéquate.*

Cette propagande déguisée vire à l'odieux lorsque le Dr Cazin décrit l'étape du sevrage : *Il dure de quatre à dix jours. Condition préalable : un examen médical dépistant toutes maladies ou anomalies. Il est effectué sans utiliser de psychotropes de remplacement. Les douleurs dues à l'effet de manque sont évitées grâce à un apport important de vitamines et de minéraux, en particulier calcium et magnésium, ainsi qu'à une assistance du personnel disponible 24 heures sur 24.*

Toutes affirmations cruellement démenties par la mort de Jocelyne Dorfmann.

Avertie in extremis des liens entre Narconon et l'Église de scientologie, Michèle Barzach s'abstiendra de paraître lors du gala de l'UNAM. Les scientologues n'auront cependant pas tout perdu. Un spot télé de la Direction générale de la santé, diffusé dans le cadre de cette même campagne antidrogue, leur permettra de recruter quelques patients. Le message télévisé renvoyait en effet vers un numéro vert où des intervenants recrutés par la Croix-Rouge communiquaient les adresses des principaux centres de désintoxication. Parmi ceux-ci, Narconon. Le manège durera près de une semaine, jusqu'à ce que le journal *Libération* [1] dévoile l'affaire. En 1989, la scientologie lancera une pétition contre l'abus des tranquillisants. Parmi les signataires, on trouvera deux des parrains du gala de l'UNAM, Michèle Barzach et Raymond Barre, décidément peu perspicaces, mais aussi Laurent Fabius et André Lajoinie...

Une seconde association antidrogue a fait son apparition en 1991 : « Non à la drogue, oui à la vie. » Dirigée par le jeune acteur Xavier Deluc [2], le plus célèbre des scientologues français, elle s'est notamment signalée à l'automne 1991 par une série de représentations à la Comédie Caumartin, à Paris, d'un spectacle dénonçant les méfaits de la drogue, *La Pluie du soleil*. Le courrier adressé à tous les membres de la secte à l'occasion de la première présentait ainsi la pièce : *Un spectacle, entièrement écrit et joué par des artistes scientologues, faisant la promotion d'une campagne antidrogue coordonnée par l'Église, fera partie des*

1. Pierre Mangetout, « La scientologie accro au ministère de la Santé », *Libération* du 13 décembre 1986.

2. Après la parution d'un article intitulé « Deluc et la scientologie » dans *Le Journal du dimanche* du 4 août 1991, l'acteur s'était constitué partie civile contre l'Union nationale des associations de défense et de la famille (UNADFI), une des deux organisations antisecte françaises. Le 3 avril 1992, jour de l'audience, ni Deluc ni son avocat ne se sont présentés. Le tribunal a donc conclu au désistement de l'acteur.

spectacles parisiens de l'été et de la rentrée, pendant deux mois et demi. [...] *Une occasion merveilleuse de faire passer au public parisien (qui viendra nombreux voir la comédie, n'en doutons pas) le message d'un espoir et une solution signée L. Ron Hubbard.*

5

LE RÉSEAU DES COMPAGNONS DE ROUTE

> La pratique qui consiste à déclarer des gens « gibiers de potence » va cesser. Les mots « gibier de potence » ne doivent apparaître sur aucun ordre d'éthique. Cela cause de mauvaises relations avec le public.
>
> Cette lettre de règlement n'annule aucun des règlements concernant le traitement ou le maniement d'un suppressif.
>
> Lafayette Ron HUBBARD [1]

Opération Rocio

Madrid, 20 novembre 1988. Réunis dans les salons d'un grand hôtel de la capitale ibérique, une soixantaine de dignitaires scientologues achèvent de déjeuner. Parmi eux, Heber Jentzsch, 55 ans, le président de l'Église de scientologie internationale venu spécialement de Los Angeles. Déjà, les premiers convives se lèvent pour rejoindre la salle qui abrite les travaux de leur colloque. Ils n'en auront pas le temps. Une centaine de policiers viennent de faire irruption dans le restaurant... L'opération Rocio (rosée) est lancée. Au même moment, un peu partout dans le pays, d'autres policiers investissent les vingt-sept centres de l'Église.

1. Lafayette Ron Hubbard, lettre de règlement du Hubbard Communications Office, 21 octobre 1968.

L'affaire commence dix mois plus tôt dans le bureau du juge José Maria Vasquez Honrubia. Depuis plusieurs semaines, le magistrat accumule les plaintes contre un étrange institut de lutte contre la drogue, Narconon [1]. Implantée dans la plupart des grandes villes du pays, l'association semble très active. On trouve même ses affiches sur les murs de certains commissariats. Il est vrai que l'Espagne a un des plus forts taux de consommation de stupéfiants d'Europe. Conséquence d'une législation particulièrement permissive, mais aussi du chômage et des années de défoulement collectif qui ont suivi la fin du franquisme.

Mais voilà, certains patients crient à l'escroquerie. La cure coûte près de 10 000 francs par mois. Surtout, les conditions sanitaires sont déplorables (à tel point que, lors de la rafle, les médecins requis par le juge ordonneront de jeter la nourriture trouvée dans deux centres Narconon, tant elle était moisie).

Intriguée, Vasquez Honrubia entreprend ses premières investigations. Il n'est pas long à découvrir que l'Église de scientologie – dénommée ici « Association civile de dianétique » – se cache derrière Narconon. Il sort alors le grand jeu. Des inspecteurs sont infiltrés dans l'organisation. Les téléphones sont placés sur écoute, les comptes bancaires discrètement épluchés. Peu à peu, la nébuleuse scientologue est délimitée et identifiée. Les indices d'escroquerie, de fraude fiscale et d'évasion de capitaux s'accumulent. Il ne reste plus qu'à attendre le moment opportun pour frapper. Ce sera le colloque international du 20 novembre.

A l'issue de la rafle, onze dirigeants, dont Heber Jentzsch sont incarcérés. Et dix-neuf mandats d'amener lancés contre des membres de la secte qui ont réussi à fuir. Les comptes bancaires de la secte – une quarantaine – sont bloqués. L'examen des mouvements de fonds – qui demandera plusieurs jours à trois inspecteurs du fisc – permettra de déter-

1. Voir chapitre 4, p. 151.

miner qu'au cours de la seule année 1987 plus de 50 millions de francs ont transité sur les comptes scientologues. L'origine de ces fonds ? Pour l'essentiel, les centres Narconon. Seuls 12 millions seront retrouvés dans les banques. Le reste ? Envolé vers le Danemark ou les États-Unis...

Le dépouillement des centaines de kilos de documents saisis au cours de la rafle, dont de nombreuses disquettes informatiques, réservera quelques surprises aux enquêteurs. La secte avait en effet engagé un ancien policier de la *brigada de informacion*, l'équivalent de nos Renseignements généraux, pour espionner ses ennemis. Vingt et un rapports très détaillés sur des opposants seront ainsi retrouvés. Deux fichiers retiendront également l'attention des policiers et du juge Vasquez Honrubia. Le premier recense les membres du conseil d'administration d'une douzaine de grandes entreprises. Dont deux dirigées par des scientologues. Le second, codé, répertorie les cabinets ministériels importants, les principales personnalités politiques, les chefs de la police ainsi que les directeurs de journaux et de banques. En face de chaque nom, un chiffre (de 1 à 6). Les enquêteurs espagnols l'interpréteront comme un indice de dangerosité.

Erreur. Il s'agit en réalité d'un listing de cibles à circonvenir, classées en fonction de leur intérêt.

Les listes « PR stats »

Nous avons en effet en notre possession l'équivalent de ces listes pour la France. Dénommées « PR Stats » (statistiques de relations publiques) par opposition aux « Invest stats » (statistiques d'investigation, autrement dit les listes des ennemis de la scientologie), elles ont été établies par OSA France et transmises à OSA International le 5 mai 1988, quelques jours avant le premier tour de l'élection présidentielle.

Que trouve-t-on sur ces listes ? Tout d'abord, les noms

d'une cinquantaine de directeurs de journaux ou de reporters spécialisés. Un soutien de leur part peut rapporter deux points comme l'indique le chiffre en regard de leur nom (seule exception, Jean-Michel Baylet, le directeur de *La Dépêche du Midi* à qui sa qualité d'ancien ministre vaut un point supplémentaire). Deux points, qui, comme dans le système des listes pointant les ennemis de la secte, correspondent à une certaine somme d'argent. A inscrire cette fois dans la colonne « crédit ». En juin 1988, le point valait environ 930 dollars.

Le gouvernement de l'époque est également fiché. François Mitterrand, fonction présidentielle oblige, est le seul à être à 4 points. Jean-Louis Bianco, alors secrétaire général de l'Élysée est à 3 points, comme Michel Rocard, futur Premier ministre. Ainsi que le directeur de la Police nationale, celui de la Police judiciaire, et M. Michel Brisacier, le responsable du bureau des cultes du ministère de l'Intérieur.

La plupart des ministres importants du gouvernement et leurs principaux collaborateurs figurent également sur le document. Tous cotés à 3 points. Certains responsables n'ont pas été identifiés et sont juste désignés par leur fonction. Sans doute Martin Weightman, le responsable d'OSA qui a rédigé cette liste était-il pressé par ses supérieurs. Néanmoins, il a pris le temps de chercher les noms des fonctionnaires qui pourraient avoir à intervenir dans les affaires de la secte ou de ses satellites : le directeur de l'Action sociale, Mme Marinette Girard ; celui de la sous-direction des Affaires sociales, Mme Barberye ; celui du Travail, M. Thierry. Eux aussi valent 3 points.

Près d'une centaine de députés de tous groupes, – y compris celui du Front national alors représenté au Palais-Bourbon et une quinzaine de sénateurs figurent encore sur ces listes. Cotation : 3 points. Seule exception, le sénateur Pierre Jeambrun. Sa casquette de rapporteur au Conseil de l'Europe le porte à 4 points.

Dans un télex complémentaire – qui dresse une estimation chiffrée des « terminaux » religieux, universitaires et judiciaires (juges, avocats et responsables de la police) intéressants (315 pour les premiers, 100 pour les seconds, 201 pour les derniers) –, adressé le 10 mai 1988 à OSA International, Martin Weightman affirme *qu'approximativement 25 p. 100 des députés et sénateurs peuvent être gagnés à la cause.* Fanfaronnade ? On aurait tort de le croire. A preuve, ce rapport de Weightman, en date du 7 octobre 1988, qui dresse la liste des contacts positifs établis depuis le mois de mai (l'interprétation du résultat de ces rencontres reste bien entendu de la seule responsabilité de la secte, toutes les personnes citées n'ayant pas forcément manifesté de la sympathie pour l'Église) :

29/9

Choucroy – président des avocats de la Cour de cassation. Top juif OL et juriste. [Il s'agit de Charles Choucroy, avocat, président de l'Ordre des avocats au Conseil d'État et à la Cour de cassation, membre de l'Association consistoriale israélite de Paris (ACIP). En revanche, nous ignorons le sens de l'abréviation OL.] [...]

22/9

Bouloc a été manié pour faire partie de notre comité [1]. [Il s'agit de Bernard Bouloc, professeur agrégé de droit privé à

1. Il s'agit du « comité de réflexion » mis en place par l'Église en 1988 pour célébrer le bicentenaire de la Révolution française. Un communiqué de l'Église distribué à la même époque dans les rédactions parisiennes indiquait que ce comité était parrainé par le professeur Bernard Bouloc et le psychiatre Serge Bornstein. Dans le même document la secte affirmait qu'un certain nombre de personnalités avaient « déjà annoncé leur participation » au comité. En voici la liste : le professeur Jacques Robert ; le docteur Lucien Lévy, président du séminaire d'éthique « Sciences de l'humanité de la vie » ; le docteur Nombert, psychiatre à l'hôpital Necker ; le docteur Leveau, expert en gérontologie et fondateur de la revue *3e âge*. Ce comité s'est essentiellement signalé par la diffusion d'une brochure intitulée « 1989 : reste-t-il des Bastilles à prendre ? » à la

l'université de Paris-I (Panthéon-Sorbonne) et auteur de deux consultations juridiques très favorables à l'Église [1].] *C'est un juriste de très haut niveau en France.*

[...]

25/8

Seidel, du Groupe Information Asiles (groupe anti-psychiatrique), est un allié.

18/8

Falala. [Il s'agit du RPR Jean Falala.] *Il est député-maire de Reims où notre mission est implantée. Il a été approché par courrier au moment des élections par le responsable de la mission locale au nom d'une association des scientologues pour le progrès social. Il nous a répondu. On lui a rendu visite et la réunion a été cordiale. Le type est d'accord pour parler de nous à l'Assemblée nationale.*

[...]

fin de l'année 1988. Une vingtaine de pages sur quarante sont consacrées à l'Église...

1. Bernard Bouloc, consultation du 21 mai 1982. Commentant l'application à l'Église de scientologie de l'article 405 du Code pénal réprimant le délit d'escroquerie, le professeur Bouloc écrit ceci : [...] *en matière de religion, le rationnel est exclu ; il s'agit de croyances et de convictions. Le juge ne peut donc apprécier d'après un standard rationnel ce qui est irrationnel, où, s'il le fait, il s'expose à dire qu'une religion, quelle qu'elle soit, tombe sous le coup de l'article 405 du Code pénal, car toute religion promet l'au-delà, un mieux-être ici-bas, et une autre vision du monde. Rationnellement, ces promesses ne sont que chimères, alors que pour les croyants, elles sont des vérités ou même des réalités.*

Consultation du 2 décembre 1984. Revenant sur la condamnation de Hubbard en 1978 (voir chapitre 2, p. 81), Bouloc souligne que, *postérieurement à ce jugement, d'autres décisions sont intervenues dans la même affaire, qui rendent caduque la portée dudit jugement.* Suit un rappel des différentes étapes de la procédure au terme duquel Bouloc conclut en ces termes : *C'est pourquoi, il me semble que constituerait une présentation peu objective l'indication que les méthodes de l'Église de scientologie auraient été condamnées, puisque, par trois décisions ultérieures revêtues de la chose jugée, la justice a blanchi ces méthodes.*

11/8

UDAF Vosges. (Union départementale des associations familiales des Vosges, qui lutte contre la drogue et les tranquillisants.) Ils sont OK pour coopérer. Ils ont beaucoup aimé notre Freedom [il s'agit en fait du bulletin de l'Église, *Éthique et Liberté* dont l'édition américaine s'intitule *Freedom*] et ils sont d'accord pour que nous parlions d'eux et de leur campagne dans Freedom.

21/7

Le rédacteur en chef du Républicain Lorrain *est un allié, (il remplace Claude Puhl* [il s'agit du précédent directeur de ce quotidien] *dans la liste).*

[...]

16/6

Nous avons rendu visite à Dumaet [il s'agit de l'UDF Alain Dumait], *le maire du IIe arrondissement de Paris. Il pensait du bien de notre campagne antidrogue et il est lui aussi contre la Sécurité sociale. Il n'avait pas d'enthéta* [hostilité] *contre l'Église, et il soutenait nos objectifs.*

9/6

Père Gauthier. Bras droit de l'évêque d'Angers. A rencontré une scientologue. Il a reçu par le passé de l'enthéta [propagande hostile] *contre la scientologie. La scientologue a rempli le vide et lui a exposé ce qu'était la scientologie. Elle a parlé des libertés religieuses. Le père était d'accord avec elle sur ce point. La scientologue a également évoqué la drogue et les tranquillisants. Le père était intéressé et lui a dit qu'elle pourrait revenir en parler avec lui. Elle lui a donné le dernier numéro de* Freedom, *consacré à ce thème.*

19/5

Nous avons rencontré Pierquin de l'Armée du salut [il s'agit du major Pierquin, directeur du développement de l'Armée du salut]. *C'est un allié. Il est vraiment de notre côté. Il est d'accord pour donner une interview à* Freedom *sur les tranquillisants*[1].

« Énumérez les ressources de votre réseau »

Ces contacts jouent un rôle essentiel dans la stratégie d'expansion de la scientologie. Ils lui confèrent en effet reconnaissance et respectabilité.

Toute l'organisation est mobilisée dans cette quête permanente d'alliés. En 1988, le bureau européen d'OSA, installé à Frederiksberg au Danemark, a ainsi adressé aux scientologues français un questionnaire sur leurs relations personnelles et professionnelles. Intitulé « lignes de communication sur le monde », le document est présenté en ces termes par Heber Jentzsch, le président de l'Église de scientologie internationale : *Veuillez répondre au questionnaire suivant et dresser une liste complète de vos lignes de communication personnelles et professionnelles selon les critères énoncés. Énumérez toutes les ressources de votre réseau, des plus modestes aux plus importantes. L'important est qu'il s'agisse de ressources fiables sur lesquelles vous pouvez compter. Peut-être n'êtes-vous pas en mesure de faire une évaluation précise de vos ressources, mais l'exercice en vaut la peine. Vos informations sont d'une importance vitale pour l'Église.*

Ces informations que l'Église entend bien exploiter. Outre l'état civil de la personnalité et sa « sphère d'influence », il est en effet demandé au scientologue concerné d'indiquer s'il

1. L'interview du major Pierquin a été publiée dans le numéro d'*Éthique et Liberté* de juin-juillet 1988. Sur la même page figurent également les avis de plusieurs élus de la capitale sur le problème des tranquillisants : Claude Lambert, maire-adjoint du XVIIIe arrondissement, chargé de la Jeunesse et des Sports ; François Lebel, conseiller de Paris et maire du VIIIe arrondissement de la capitale ; et M. Casso, maire adjoint du XVIIe arrondissement de Paris.

est « en mesure de communiquer avec cette ressource directement ou par l'intermédiaire d'une tierce personne » et le cas échéant de « décrire l'intermédiaire »...

Ron Hubbard, Laurier d'or des sciences humaines

En 1989, l'Église a ainsi failli débaucher un sénateur, Paul Graziani, élu RPR des Hauts-de-Seine, président du conseil général de ce département de 1982 à 1988, pour présider la remise à titre posthume du Laurier d'or des sciences humaines à L. Ron Hubbard. Une décoration décernée par un obscur « comité France Promotion » visiblement peu regardant sur la carte de visite de ses récipiendaires. Présidé par Claude Durand de Freyssinet, ce comité a été fondé en 1970 par Pierre Lyautey, neveu du Maréchal. Dans un courrier du 2 mars 1989 adressé à Evelyne Bartczak, chief-officer de New Era, la société d'édition scientologue, Freyssinet rappelle en ces termes les étapes qui ont conduit à l'attribution de la récompense :

Madame la directrice,

Pour faire suite à l'intervention de M. Roland Aria, vice-président de notre fédération, vous avez bien voulu poser la candidature de l'écrivain, philosophe et humaniste L. Ron Hubbard, à titre posthume, pour l'attribution du Laurier d'or des sciences humaines.

C'est à l'unanimité, et avec la plus grande émotion, que notre commission d'admission a décidé de décerner notre plus haute distinction en hommage aux œuvres de l'homme extraordinaire qu'était L. Ron Hubbard...

Nous devons avouer notre ignorance quant aux motivations qui ont bien pu pousser le comité à décorer Hubbard. Est-ce une incroyable naïveté collective ? Le défaut de candidats ? Ou bien d'autres raisons moins avouables ?

Toujours est-il que la scientologie a minutieusement préparé la cérémonie. Plus que la décoration elle-même – dont le prestige est quasi nul –, l'événement constitue pour la secte une formidable opportunité d'impliquer officiellement à ses côtés une personnalité du monde politique. La tradition du comité France Promotion veut en effet que la décoration soit remise par un ministre, un parlementaire ou un maire. Flag, le commandement mondial de la secte installé à Clearwater en Floride, dirigera donc les opérations. Une circulaire du 15 mars 1989, signée du directeur du département des relations publiques et intitulée « Laurier d'or-Mini-Program » détaille la marche à suivre pour la préparation de la cérémonie. Nous ne résistons pas à l'envie de livrer de larges extraits de ce texte on ne peut plus révélateur sur les méthodes de la secte :

Programme proposé :

Préparer pleinement et rendre sûre la cérémonie afin d'utiliser la remise du Laurier d'or pour positionner LRH en France comme un homme de lettres reconnu et honoré.

Cible principale :

Organiser un formidable événement mondain avec la présence de célébrités et de VIP alliées dans un endroit prestigieux pour célébrer la remise du Laurier d'or à LRH.

Cibles primaires :

1. Eva Lefèvre [membre d'OSA] *et l'I/C* [pour « in charge », autrement dit la responsable] *de la cérémonie [...]*

Cibles vitales :

1. Le déroulement de l'opération doit demeurer confidentiel le plus longtemps possible. [...]

12. N'invitez pas la presse, à l'exception de quelques journalistes alliés. [...]

14. Négociez avec le magazine Vogue *pour qu'il évoque la manifestation dans sa rubrique « L'œil de Vogue »*

(Rubrique consacrée aux événements mondains et illustrée par des photos.)

15. Réservez une page dans Vogue *de juin 1989 pour le Laurier d'or, de préférence avec un petit article sur LRH par Bernard-Henri Lévy ou une autre personnalité du même genre.*

17. Choisissez un traiteur exceptionnel et commandez un cocktail pour 150 personnes. [...]

Cibles opérationnelles :

1. Assistez à la prochaine cérémonie officielle au cours de laquelle le Laurier d'or sera remis à la compagnie Interwork, pour avoir une idée du déroulement de la manifestation. [...]

4. Faites une liste des personnalités françaises qui pourraient remettre la décoration et qui pourraient mettre en avant le positionnement international de LRH comme l'auteur le plus lu et le plus apprécié de tous les temps.

5. Demandez au président du comité France Promotion son avis sur la personne qui pourrait remettre la décoration. Laissez-le proposer le premier un nom. [...] *Assurez-vous que la personne proposée n'est pas connectée avec un ennemi ou n'est pas dangereuse sur le plan de la sécurité. L'idéal serait une éminente figure littéraire ou philosophique (par exemple, un membre de l'Académie française).*

6. Informez complètement le terminal sélectionné sur LRH, en lui exposant tous les aspects de la vie et de l'œuvre avec une documentation solide qui inclue les distinctions françaises et américaines déjà reçues.

Trouvez des informations sur cette personne, ses centres d'intérêt et ses faiblesses, et présentez l'œuvre de Ron comme étant plus réelle que l'homme.

Assurez-vous qu'il est au courant que la personnalité de Ron est controversée et maniez préventivement toute ligne ennemie qui pourrait surgir en le documentant sur la vérité.
[...]

9. La manifestation devrait rassembler une centaine de participants. Nous devons donc en inviter 300. [...]

b) Établissez une liste des VIP qui pourraient venir à la manifestation (par exemple, Bernard-Henri Lévy, Paul-Loup Sulitzer, etc.).

Déterminez-les en tenant compte de tous les impératifs de sécurité. [...]

Deux jours plus tard, Evelyne Bartczack et Eva Lefèvre, conformément à l'instruction numéro 1 des « cibles opérationnelles », rendent compte de leur participation à la remise du Laurier d'or à la société Interwork. *Nous avons été accueillies très chaleureusement par le président et le vice-président du comité France Promotion. Il nous a présenté à toutes les personnalités comme " la maison d'édition de L. Ron Hubbard qui recevra le mois prochaine le Laurier d'or des sciences humaines. Le philosophe et auteur bien connu qui a écrit* La Dianétique *et dont vous avez certainement entendu parler... " On nous a souvent répondu par les " Oh, bien sûr, je le connais. Un homme remarquable " ou quelque chose d'approchant.* [...]

Parmi les gens présents (une centaine environ), il y avait beaucoup de VIP comme la princesse de La Rochefoucault, le prince Michel de Bourbon, l'ambassadeur de Malte, un évêque orthodoxe, deux généraux, le président du comité miss France, un sportif olympique, une princesse descendante de la cour de Byzance, et beaucoup d'autres aristocrates. L'atmosphère était extrêmement royaliste et mondaine. Nous avons bavardé avec beaucoup de VIP et nous leur avons parlé de LRH et de New Era. Nous leur avons envoyé après la cérémonie un dossier de presse de la maison d'édition accompagné d'une lettre personnelle. [Le rapport décrit ensuite la remise de la décoration proprement dite, mentionnant au passage la présence du chef de cabinet du ministre du Commerce extérieur, Jean-Marie Rausch.]

Les scientologues mettront cependant plusieurs semaines avant de trouver une personnalité qui accepte de décorer Hubbard. Aucune figure littéraire ou philosophique n'acceptera en effet de se prêter au manège. En désespoir de cause, la secte se rabattra sur le sénateur Paul Graziani. Comment les envoyés de l'Église ont-ils réussi à entrer en contact avec lui et à le convaincre ? Là encore, nous l'ignorons. La Chambre haute a elle aussi ses mystères. En revanche, il est certain que Paul Graziani s'est fait piéger. Flatté qu'on ait pensé à lui, il ira jusqu'à proposer les salons du Sénat pour la remise de la décoration. De leur côté, les scientologues feront les choses en grand. Une somptueuse plaquette d'invitation sera confectionnée. Encore une fois, elle ne comporte aucune référence à l'Église de scientologie. Sous le nom de L. Ron Hubbard figure juste la mention : « Écrivain, humaniste ». Graziani en revanche, se voit accorder une « haute présidence » doublée d'un rappel de sa qualité de « président d'honneur du conseil général des Hauts-de-Seine ». La secte sait trouver le chemin du cœur de nos parlementaires. Pour agrémenter la cérémonie, les scientologues ont prévu un concert. Artistes invités : le pianiste Cyprien Katsaris et la chanteuse Amanda Ambrose, deux scientologues du Celebrity Center qui se produisent régulièrement dans les manifestations mondaines de la secte.

Mais les scientologues ont négligé un élément important : les fonctionnaires du Sénat. L'un d'entre eux, intrigué par ce « Ron Hubbard, écrivain et humaniste », a entrepris de se renseigner discrètement sur le personnage. Averti le matin même de la cérémonie qu'il s'agissait du fondateur de l'Église de scientologie, il alerte aussitôt les collaborateurs de Graziani. En catastrophe, ce dernier annulera la réception. Les scientologues et le comité France Promotion se retrouveront sur le trottoir.

Repliés dans les salons d'un grand hôtel, la petite troupe procédera néanmoins à la remise de la décoration, en catimini et sans sénateur. La réception qui devait être un des moments forts de l'activité publique de la secte ne donnera lieu qu'à une simple colonne dans le magazine *Celebrity* – la revue du centre culturel de l'Église – du mois suivant [1]...

Les « Target Defence »

Toutes les opérations de relations publiques de la secte ne se soldent pas par un échec. Au fil des ans et de ses contacts, l'Église s'est en effet forgé un solide réseau d'alliés dans les milieux politique, religieux, scientifique, judiciaire ou médiatique. Des alliés qui sont tout sauf scientologues. C'est là le gage de leur efficacité. Et de leur utilité pour les scientologues. Plus ils apparaissent éloignés de l'Église, plus leur soutien est crédible aux yeux de l'extérieur.

Ces amis, l'Église les a répertoriés sur des listes dénommées « Target defence ». Littéralement « appuis potentiels (pour nous protéger) ». Ce que nous pourrions traduire plus simplement par « relais d'opinion à actionner en cas d'attaque ».

Mais attention : sur ces listes, on trouve de tout. Des compagnons de route de la première heure dont la complaisance vis-à-vis de l'Église confine au prosélytisme, des personnalités qui ont été en contact avec la secte et qui sont restées indifférentes, ou du moins n'ont pas manifesté d'hostilité à son égard, des spécialistes ou des autorités morales sollicitées pour une consultation, des juristes rétribués par la

1. Signalons que Hubbard a reçu en 1990, à titre posthume, la Médaille d'or arts-sciences-lettres de la société académique d'éducation et d'encouragement et la « cravate d'or » de la Fédération nationale de la culture française pour l'ensemble de son œuvre. New Era International, la maison d'édition scientologue qui édite les ouvrages du fondateur de la scientologie, s'est vu décerner, la même année, le Laurier d'or du prestige de l'Europe par le comité Prestige de l'Europe.

secte... Et même des adversaires de l'Église dont l'opposition a été mal mesurée par les scientologues [1].

Ces listes sont en quelque sorte le carnet mondain de la secte. Y figurent tous les relais d'opinion qui ont un jour croisé son chemin. Certains sont devenus de véritables alliés de l'Église. D'autres en revanche n'ont rien à voir avec la scientologie et seront bien étonnés, voire scandalisés d'apprendre qu'ils ont été fichés par l'Église.

Il est, par exemple, vraisemblable que l'auteur ait à un moment figuré sur une liste de ce type [2]. Pourtant, ce livre le prouve, il n'est pas suspect de complaisance envers la secte. Mais, pour les besoins de son enquête, il a assisté pendant quelques mois à la plupart des manifestations publiques de l'Église. Il a rencontré nombre de dirigeants. Et même été invité à dîner chez la présidente, Danièle Gounord. Suffisant pour que les scientologues aient estimé qu'ils pouvaient, le cas échéant, le solliciter. Bref, ces listes contiennent tout autant les noms des gens à piéger que ceux qui le sont déjà.

Examinons donc une des listes en notre possession. Elle a été adressée par Martin Weightman à OSA International le 10 mai 1988. Cinquante noms y figurent, répartis en quatre catégories : médias, religieux, universitaires, juristes. Comme de coutume, chaque nom est suivi d'une cotation (2, 3 ou 4 points). L'équivalence était à cette époque de 930 dollars pour un point. Des points à inscrire, bien sûr, dans la colonne crédit du bilan de la secte. Les indications entre crochets sont de l'auteur :

1. C'est le cas notamment de Jean-Marc Florand, assistant de droit privé à l'université Paris-XII, et Olivier Louis Séguy, président de l'association d'étude des problèmes juridiques contemporains, qui apparaissent sur la liste que nous reproduisons quelques lignes plus loin. Tant les écrits que les propos de ces deux spécialistes du phénomène sectaire excluent qu'on puisse les suspecter d'une quelconque sympathie à l'égard des sectes en général et de la scientologie en particulier.

2. Gageons que, depuis la parution d'un certain nombre d'articles de l'auteur sur l'Église dans *L'Événement du jeudi*, celui-ci a été classé parmi les « suppressifs ».

Médias

• *Radios régionales 24* 48

• *De Bekketch (Le Choc du mois)* [Serge de Beketch, journaliste, collaborateur de *Minute, National-Hebdo, Le Choc du mois* et Radio-Courtoisie. Candidat du Front national à Paris lors des élections régionales de mars 1992] 3

Alliés religieux

• *Rezelman - Protestant* 2

• *Bernard Dupuy - Catholique* [Dominicain, docteur en théologie et polytechnicien. Ancien professeur de théologie de l'Institut catholique de Paris, consulteur du secrétariat romain pour l'unité des chrétiens, membre du comité mixte catholique protestant en France, membre du comité de liaison entre l'Église catholique et les représentants des organisations juives mondiales, directeur du centre d'études Istina et de la revue du même nom] 3

• *Pasteur Schweitzer - Protestant* 3

• *Toulat - Catholique* 3

• *Dr Rossi - AIDLR* [Gianfranco Rossi, président de l'Association internationale pour la défense de la liberté religieuse] 4

• *J. Paul Barquan - AIDLR* 3

• *Rabbin Stourdze - Juif* [Président de l'Association indépendante des déportés et internés juifs] ... 2

• *Baha'is* [Mouvement d'origine perse né au siècle dernier et qui compterait en France un millier d'adeptes] 3

• *Dr Marie - Mormon* [Il s'agit de M. Marie, directeur des relations publiques de l'Église de Jésus-Christ des saints des derniers jours] 2

• *Père Cordier - Catholique* 2

• *Père de Gibbon - Catholique* [Yves de Gibon,

ancien délégué du cardinal Marty à l'information sur les sectes] 3

• *Pasteur Dessart - Protestant* [Francis Dessart de l'Église évangélique internationale] 4

• *Swami ShamauandaSikh* 3

• *Frona - Catholique* 3

• *M. Habchi - Musulman* [A. Habchi, président de l'Association pour la défense des intérêts des Français musulmans et de leurs amis (ADIFMA)] 3

• *Krishna* 3

• *René Lévy - Zen macrobiotique* 3

• *Pasteur Maury - Protestant* [Jacques Maury, président jusqu'en 1987 de la fédération protestante de France, coprésident du comité mixte du conseil œcuménique des Églises et de l'Église catholique romaine, président du comité intermouvement d'aide aux déportés et évacués (CIMADE)] 3

• *M. Naroz - Copte* 2

Universitaires

• *Messner* [Francis Messner, juriste] 3

• *Bauberot* [Jean Bauberot, professeur en sociologie des religions à l'École pratique des hautes études (Sorbonne) et maître de recherches au CNRS, groupe sociologie des religions] 3

• *Bornstein* [Docteur Serge Bornstein, neuropsychiatre, médecin des hôpitaux psychiatriques, expert auprès des tribunaux, président de la section française de l'Association mondiale de psychiatrie et psychologie légale] 2

• *Blandre* [Bernard Blandre, historien] 2

• *Barrucand* [Pierre Barrucand, maître de recherches honoraire au CNRS. Président de l'Association science, histoire et droits de l'homme] 2

• *D'Espagnac* [Philippe d'Espagnac, membre du

conseil européen des psychanalystes, membre de l'Institut de recherche et d'information thérapeutique] 3

• *Dericquebourg* [Régis Dericquebourg, assistant en psychologie sociale à l'université de Lille-III. Auteur de *Religions de guérison,* publié au Cerf (1988)] . 2

• *Jean-Marc Floraut* [Jean-Marc Florand, assistant de droit privé à l'université Paris-XII] 3

• *Jacques Robert* [Membre du Conseil constitutionnel. Déjà mentionné dans le chapitre 1] 3

• *Prof. Lépine* [Pierre Lépine, déjà mentionné à propos de Narconon. Membre de l'Institut et conseiller de Paris] 3

• *Jacques Goimard* [Directeur de collection aux Presses de la Cité, la maison d'édition des ouvrages de science-fiction de Hubbard pour la France] 3

• *Denis Huisman* [Professeur de philosophie. Directeur scientifique à l'université Paris-IX (Dauphine), chargé de cours à l'université Paris-I. Fondateur de nombreux instituts privés. Auteur d'ouvrages de vulgarisation et de manuels scolaires (directeur de collection aux éditions Bordas, Sedes, Nathan, Hachette, etc.)] 3

• *Joseph Joffo* [écrivain] 3

• *Klarsfeld* [Il s'agit de Serge et Beate Klarsfeld, respectivement président des Fils et Filles de déportés juifs de France et responsable de la Ligue internationale contre le racisme et l'antisémitisme] 3

• *Laburthe-Tolra* [Philippe Laburthe-Tolra, professeur de l'UER de sciences sociales de l'université Paris-V] 2

• *J.-F. Mayer* [Jean-François Mayer, docteur en histoire. Auteur d'ouvrages controversés sur les sectes aux éditions du Cerf] ....

• *Émile Poulat* [Directeur de recherches au CNRS, directeur d'études à l'École des hautes études en sciences sociales] 3

• *Loris Olivier Seguy* [Olivier Louis Séguy, avocat, président de l'Association d'étude des problèmes juridiques contemporains] 3

• *Jean Seguy* [Professeur de sociologie des religions à l'École pratique des hautes études, rédacteur en chef des *Archives de sciences sociales des religions*] 3

Juristes

• *Jean Carbonnier* [Doyen Jean Carbonnier, professeur émérite de l'Université de droit de Paris, président du Conseil scientifique du centre de sociologie du protestantisme de l'université des sciences humaines de Strasbourg. Auteur de nombreux ouvrages, Jean Carbonnier, faut-il le rappeler, est un des plus grands juristes français] 3

• *Choucroy* [Charles Choucroy, déjà mentionné. Président de l'Ordre des avocats au conseil d'État et à la Cour de cassation] 3

• *Chauchard* [Docteur Paul Chauchard. Martin Weightman s'est visiblement trompé de rubrique en établissant sa liste. Ancien compagnon du commandant Charcot avec qui il a effectué de nombreuses recherches océanographiques. Directeur honoraire du laboratoire de neurophysiologie de l'excitabilité à l'École pratique des hautes études. Membre de la société française de biologie] 3

• *Cohen Jonathan* 3

• *Lussan* [Claude Lussan. Ancien bâtonnier du barreau de Paris. Ancien président de l'Union internationale des avocats. Président de l'Union nationale des caisses de règlements pécuniaires. Administrateur de la Fondation nationale des sciences politiques] 3

• *Labbe* 2

• *Levasseur* [Georges Levasseur, professeur de droit] 3

• *Oussedik* [Mourad Oussedik, un des avocats de l'Église de scientologie] 3
• *Varaut* [Jean-Marc Varaut, avocat] 3

Sur ces cinquante noms, les deux tiers environ ont déjà été associés directement ou non à l'Église de scientologie. Commençons par les plus acharnés, ceux qui font publiquement campagne pour la secte.

Tous des antisémites !

Dans une brochure de l'Église parue peu après la publication du rapport d'Alain Vivien sur les sectes et intitulée *L'opinion des experts sur l'intolérance à l'égard des minorités religieuses en France à l'heure actuelle ; la similarité frappante qui existe entre le combat antisémite des années 40 et la propagande menée contre les nouveaux mouvements religieux aujourd'hui*, quatre des « appuis potentiels », de la liste que nous venons de reproduire – le rabbin Stourdze, le pasteur Francis Dessart et les professeurs Pierre Barrucand et Jean Bauberot – n'hésitent pas à comparer la situation des scientologues à celle des Juifs exterminés par les nazis.

J'ai étudié et lu plusieurs ouvrages sur l'Église de scientologie, écrit le rabbin Stourdze. [...] *Le révérend Bonnet* [il s'agit de François Bonnet, alors président de l'Église] *croit dans l'homme. Et il essaie, à travers un enseignement de communiquer cette foi aux autres.* [...] *Qu'est-ce que la tolérance ? C'est communiquer et comprendre. C'est ce qu'il pratique. C'est pour cela que je suis venu aujourd'hui vous dire mon admiration pour lui. Je considère que l'Église de scientologie est nécessaire, dans beaucoup de domaines, par ce qui est fait pour les autres.*

Le rabbin s'attaque ensuite à Alain Vivien : *Certes, je*

crois qu'Alain Vivien était trop jeune à cette époque [1940], qu'il n'a pas connue. [...] *Je voulais dire, entre parenthèses, que j'ai été moi-même arrêté par le fameux Barbie à Lyon, donc que je suis partie civile [nous sommes avant le procès Barbie]. Tant mieux pour lui s'il ne l'a pas connu, mais comment a-t-il pu être marqué à ce point par des décrets, des déclarations, contre un groupe d'individus, contre la façon de penser d'un groupe d'individus ! Est-ce par ses études ? Est-ce par d'autres ? Je ne sais pas. C'est malheureux. Parce que ça nous amène aujourd'hui à imaginer que des gens, peut-être en toute bonne foi, font des déclarations, font des propositions de loi qui se ressemblent étrangement.* Credo que reprend dans un registre plus prudent le pasteur Dussart. *Certaines personnes, explique-t-il peuvent comprendre le rapport Vivien comme un appel à l'intolérance.* [...] *Je pense que M. Bonnet, comme différents groupements religieux considérés à tort ou à raison comme minoritaires, peuvent avoir des craintes très sérieuses quant au développement d'idées contenues dans le rapport de M. Vivien.*

Sur le court terme, je suis effectivement inquiet, affirme pour sa part Jean Bauberot. [La] *crise socio-économique favorise la recherche de boucs émissaires. Ces boucs émissaires peuvent être différents suivant les moments, mais il est vrai que la conjoncture actuelle favorise la désignation d'adversaires supposés mettre en cause la stabilité sociale.* [...] *Je souhaiterais pour ma part qu'on envisage les choses avec plus de sérieux, et que la loi commune soit attribuée aux nouveaux mouvements religieux comme au reste.*

Le quatrième expert, Pierre Barrucand, médaillé de la Résistance, maître de recherches honoraire au CNRS et ancien consultant à l'université d'Arizona, adopte lui, un ton plus musclé : *Il y a eu le problème de M. Vivien, député, qui fait nommer une commission d'enquête, par le Parlement. Or, il faut constater que cette commission d'enquête res-*

semble d'une manière extraordinaire aux organismes de recherche et d'étude qui ont été organisé, par le régime de Vichy comme centres d'information sur les questions juives. [...] *Je crois que* [Vivien] *est passé du rôle de législateur, qui est le rôle d'un député, au rôle d'un inquisiteur, et d'un inquisiteur style sévère – inquisiteur de combat.*

Accusations monstrueuses qui sont d'abord une insulte pour les victimes du génocide nazi. Aucun scientologue n'a été poursuivi, emprisonné – et encore moins exécuté ! – en raison de ses convictions. Nulle législation, nul règlement ne visent les scientologues en tant que tels. Seuls ont été sanctionnés des délits ou des crimes dûment répertoriés par le Code pénal tels que l'escroquerie ou l'exercice illégal de la médecine. Agissements qui exposent tout citoyen, qu'il soit scientologue ou non, aux rigueurs de la loi. Bref, il s'agit là d'une manipulation pure et simple.

Une manipulation à laquelle certains de ces « appuis potentiels » semblent se prêter consciemment. Dans le « Programme de maniement des investigations en France » envoyé par OSA International le 20 juillet 1990 afin de riposter aux interpellations de Marseille, Lyon et Paris, figure cette instruction : *22. Obtenir de Barrucand, chercheur au CNRS, expert dans le domaine de la sociologie des religions, d'écrire un article dans le quotidien* Le Monde *montrant combien sont outrageantes les attaques actuelles contre la scientologie. Obtenir également qu'il rende visite au juge d'instruction et qu'il lui démontre qu'il n'y a rien dans le dossier et qu'il vaut mieux arrêter. De confirmer sa démonstration en écrivant au juge en lui demandant d'être témoin dans l'affaire.*

Aucun article n'a paru dans *Le Monde* et nous ignorons si Pierre Barrucand a rendu visite au juge Georges Fenech. En revanche, quelques semaines après cette circulaire, alors que venait d'éclater l'affaire Dialogic – évoquée dans le chapitre 3 –, l'Église mettait en circulation une brochure de seize pages, *Haines d'hier et d'aujourd'hui, campagnes anti-Juifs, antifrancs-maçons, antisectes* signée Barrucand.

En ce qui concerne, par exemple, l'Église de scientologie, écrit le chercheur du CNRS, *Église sur laquelle je ne porte aucun jugement quant à ses théories ou pratiques, je lis un article du* Monde, *où il est question d'une erreur, parce qu'on aurait passé un contrat de service avec une société qui serait une filiale de ce mouvement, la société d'informatique Dialogic. Supposez que l'on dise, par exemple : " On a passé par erreur un contrat avec une société d'informatique dirigé par un M. Cohen, membre du Consistoire de France, et cette erreur a été heureusement réparée, etc. " Le rédacteur d'un tel article se verrait automatiquement poursuivi devant les tribunaux par des organismes comme la LICRA, et ce, précisons-le, à juste titre.*

Comparaison fallacieuse. A la différence de la scientologie, le Consistoire de France n'exhorte pas ses membres à s'emparer des postes clés de la société pour le conquérir. Il ne se livre à aucune activité d'espionnage, il ne fiche personne. Bref, il ne conspire pas contre la République. Mais voilà, l'infiltration, Pierre Barrucand ne veut pas en entendre parler. *Quant à cette affirmation selon laquelle les membres d'une secte s'infiltrent dans les rouages de la société, c'est exactement le thème central que nous trouvons dans les protocoles de sages de Sion, faux antisémite célèbre.* Conclusion : les adversaires des sectes sont des antisémites. Notre spécialiste n'hésite d'ailleurs pas à écrire que les articles de presse consacrés aux sectes – c'est-à-dire principalement la scientologie, puisque, à cette date, elle était sous les feux de l'actualité – lui rappellent ce qu'il a « vu de pire sous Vichy ». L'ADFI, l'association anti-secte n'est pas mieux lotie : son discours a « presque les accents du journal *Au pilori* [hebdomadaire collaborationniste violemment antisémite] ».

Les sectes en revanche ont droit à toute sa mansuétude : *J'ai rencontré pas mal de gens de l'Église de scientologie, j'ai eu l'impression de gens complètement normaux. J'ai rencontré des gens de la secte Moon, j'ai vu des gens extrêmement sincères dans leurs convictions religieuses, qui donnent une impression d'équilibre et d'une réelle paix intérieure. » Il aurait été dommage de ne pas exploiter complètement un aussi fidèle soutien. Dans la seconde partie des instructions concernant Pierre Barrucand, OSA International réclame donc qu' « il joigne sa lettre* [celle demandant au juge Fenech d'être entendu comme témoin de la défense] *aux témoignages des OL* [nous ne sommes pas parvenus à déterminer ce que signifie cette abrévation] *qui sont témoins dans l'affaire de la brochure* Les Juifs/les sectes.

L'interlocuteur américain fait ici référence à une brochure publiée par *Éthique et Liberté* en juillet 1985 intitulée *1940, commissariat antijuif – 1985, commissariat antireligieux.* Alain Vivien s'y voyait assimilé à Xavier Vallat et Darquier de Pellepoix, qui furent tous deux à la tête du Commissariat général aux questions juives de Vichy. Le 6 janvier 1987, la 17e chambre correctionnelle du TGI de Paris a condamné François Bonnet à payer 5 000 francs de dommages et intérêts à Alain Vivien ainsi qu'à l'insertion dans deux journaux du jugement.

Un autre scientologue avait déjà été condamné pour ce type d'amalgame. En 1979, Jacques Atlan [1], professeur agrégé de philosophie à Angers et président de l'Association pour les libertés spirituelles (liées à la scientologie) s'était plaint auprès de Simone Veil, alors ministre de la Santé, des activités de l'ADFI et du sociologue Thierry Baffoy, responsable du laboratoire d'ethnologie des sectes à l'université Paris-VII. Atlan accusait l'association antisecte et le sociologue d' « utiliser la violence à la fois physique et spirituelle »

1. Jacques Atlan est l'auteur d'une brochure, parue en 1980, intitulée *Situation de L. Ron Hubbard dans la tradition philosophique,* qui fait du fondateur de la secte l'égal de penseurs comme Spinoza, Liebniz ou Nietzsche.

et de se livrer au « déprogramming » – la déprogrammation des adeptes –, une thérapie de choc aux résultats très incertains. Surtout, Atlan assimilait les pratiques de l'ADFI à celles des psychiatres nazis. Baffoy et l'ADFI portèrent plainte. Déboutés en première instance, le 26 mars 1985, ils ont obtenu réparation en appel. Jacques Atlan a été condamné le 30 avril 1986 à un an de prison avec sursis et 16 000 francs de dommages et intérêts. Ces déboires judiciaires n'ont cependant pas dissuadé la scientologie de recourir aux assimilations calomnieuses. Une brochure publiée au début de 1992 par le Comité français des scientologues contre la discrimination et intitulée *Certains ont la mémoire courte* établit un parallèle entre certains articles dénonçant les méfaits des sectes et des articles antisémites parus sous l'Occupation. La carte de l'implantation des sectes du rapport Alain Vivien est notamment comparée à une carte de l'implantation des Juifs publiée en 1944 par la presse collaborationniste...

Interpol, la bête noire

Ces accusations ont une histoire. Tout commence à la fin des années 60, à l'époque de la Sea Org. Ainsi que nous l'avons raconté dans le chapitre 2, la plupart des escales de la flotte scientologue se sont teminées par un conflit avec les autorités locales. Sardaigne, Grèce, Maroc, partout les scientologues se sont fait expulser. En Angleterre, les étudiants scientologues étrangers sont déclarés persona non grata. Les autorités australiennes ont interdit toute activité de l'Église dans leur pays. Juste avant de prendre la mer, en 1966, Hubbard lui-même a dû quitter la Rhodésie, son visa n'ayant pas été renouvelé.

Pour le fondateur de la scientologie, il s'agit forcément d'une conspiration. Comment expliquer autrement que lui et ses disciples soient traqués par toutes les polices du monde ? Une conspiration orchestrée par une organisation internationale. Laquelle ? En matière de police, il n'en existe qu'une seule : Interpol.

Hubbard lance ses limiers sur l'organisation. Objectif : rassembler le maximum d'informations afin d'essayer de la discréditer.

Les enquêteurs de la scientologie vont concentrer leurs efforts sur le passé des dirigeants. L'organisation internationale de police criminelle a en effet une histoire chargée. Fondée à Vienne en 1923, elle a activement participé avant la guerre à la chasse aux Tsiganes à travers l'Europe. Sa revue interne préconisait à cette époque la stérilisation des criminels comme solution aux maux de notre société. Quand les nazis l'ont prise en main en 1938, après l'Anshluss, l'organisation ne s'est pas sabordée. Dirigée par le général SS Reihnard Heydrich, le bourreau d'Auschwitz, puis par Ernst Kaltenbrunner, exécuté après le procès de Nuremberg pour crimes contre l'humanité, Interpol servira docilement le IIIe Reich. Ce qui ne l'empêchera pas de renaître de ses cendres en 1946.

La piste était bonne, puisque, en 1974, l'Église révèle que Paul Dickopf, président de l'organisation de 1968 à 1972 a appartenu aux SS sous le matricule 337259. Après plusieurs hésitations, Interpol reconnaît partiellement les faits. A l'en croire, Dickopf n'aurait été nazi que jusqu'en 1942. Alors agent de renseignement, il aurait profité d'une mission en Belgique pour déserter et passer en Suisse où il aurait eu des contacts avec les Américains. Nombre de témoignages laissent cependant à penser que Dickopf menait au mieux un double jeu.

Les scientologues triomphent : ils ont réussi à établir que l'organisation n'avait pas rompu avec ses vieux démons. Une victoire dont les conséquences vont s'étendre par un curieux syllogisme à tous les adversaires de la secte : Interpol est antisémite ; Interpol est le cerveau d'une conspiration mondiale ; tous ceux qui attaquent l'Église sont donc antisémites.

Voilà pourquoi la scientologie, chaque fois qu'elle est en difficulté, contre-attaque en mettant en cause Interpol. Elle démasque la conspiration, elle « comble le vide » pour reprendre le vocabulaire des circulaires sur la propagande noire – démonstration qui laisse en général les médias assez sceptiques.

Parmi les multiples documents dont la scientologie inonda les rédactions après les interpellations de l'été 1990, figurait ainsi en bonne place une luxueuse brochure – déjà diffusée en 1988 – d'une cinquantaine de pages intitulée *Interpol, groupe privé, menace publique. une organisation de police impliquée dans des activités criminelles.* La couverture est illustrée par une photo du dictateur panaméen Manuel Noriega recevant des mains de Raymond Kendall, secrétaire général d'Interpol, une récompense pour sa lutte contre les trafiquants de drogue. Le cliché a été pris en 1987. Depuis, Noriega a été renversé par les Américains qui l'ont incarcéré pour trafic de drogue...

A l'assaut de Big Brother

Forte de l'avantage que lui a procuré la révélation du passé de Paul Dickopf, la secte va mettre en cause, à travers une série de procès, la raison d'être même d'Interpol : son fichier. Dressé à partir des informations fournies par les polices du monde entier, il comporte plusieurs millions de noms. Suffisant pour ranimer le fantasme de Big Brother. Surtout quand celui-ci à la figure d'anciens nazis.

Laurent Greilsamer, dans l'excellent ouvrage qu'il a consacré à l'histoire de cette organisation *Interpol, le siège du soupçon*[1], examine ces craintes. Oui, les fichiers de l'organisation ne sont pas assez contrôlés. Oui, Interpol a eu du mal à rompre avec son passé. Oui, il lui arrive encore de déraper. Mais l'organisation n'est pas l'hydre polymorphe que se plaisent à décrire les scientologues. C'est trop lui prêter. Elle n'est qu'une boîte aux lettres grâce à laquelle les flics du monde entier échangent des informations et lancent des avis de recherche sur les délinquants. Ses agents, il faut le rappeler, ne peuvent mener aucune enquête et encore moins procéder à des arrestations.

L'offensive judiciaire de la secte débute en 1976. Léon Steinberg, un scientologue en vacances en Espagne est interpellé lors d'un contrôle d'identité. Il apprend qu'Interpol a établi une fiche de recherche à son nom : on le soupçonne d'être un certain Mark Moscowitz. Ce qui est faux. Après comparaison des empreintes, le quiproquo est dissipé. Mais Léon Steinberg exige des excuses officielles et un dédommagement. Interpol s'y refuse. Le scientologue décide alors d'intenter une action. La procédure est toujours en cours. Interpol a cependant été condamné en 1985 par un tribunal américain à rembourser les frais d'avocats de Steinberg. L'organisation policière a immédiatement fait appel et a dû payer une caution conformément à la législation américaine.

La seconde attaque commence en février 1981, Marc Bromberg, alors président de l'Église française[2], demande à la Commission nationale informatique et liberté (CNIL), en vertu de la toute nouvelle loi de 1978 sur les fichiers infor-

1. Laurent Greilsamer, *Interpol, le siège du soupçon.* Éditions Alain Moreau, Paris, 1986.

2. La secte s'appelait alors « Église de la nouvelle compréhension ». Un changement de nom qui faisait suite à la procédure engagée en 1977 par un ancien adepte contre Hubbard et trois dirigeants français de l'Église. Craignant une dissolution, les scientologuues avaient par ailleurs déposé les statuts de deux associations pouvant, le cas échéant, servir de structure de repli : « L'association de l'étude de la nouvelle foi » et « l'Église de scientologie, Paris V^e^ ».

matiques, de vérifier si Interpol – alors installé à Saint-Cloud, près de Paris – a établi une fiche à son nom. Interpol commencera par refuser. Un accord signé en 1972 avec le gouvernement français garantit l'inviolabilité de ses archives et de son siège. Marc Bromberg et ses avocats insistent, relayés par la CNIL qui joue une partie de sa crédibilité dans l'affaire. Soucieuse de se ménager les autorités françaises, Interpol cède. Le 14 octobre 1981, un membre de la CNIL se rendra au siège d'Interpol et procédera aux investigations demandées. Pour la scientologie, c'est une victoire. Bromberg est en effet le premier particulier a avoir pu exercer son droit d'accès aux fichiers de l'organisation internationale de police.

Ce précédent pèsera sur la renégociation de l'accord de siège par le gouvernement français. Alors que le nouveau texte prévoyait un renforcement de l'inviolabilité des fichiers et du siège de l'organisation, on réalise tout à coup qu'on ne peut ignorer les dispositions de la loi de 1978 sur les fichiers informatiques. Le nouvel accord institue donc une commission de contrôle des fichiers de cinq membres. Son indépendance est toute relative, puisque Interpol en désigne deux et a un droit de veto sur un troisième. Mais les apparences sont sauves.

Douze jours avant la ratification de l'accord par le Parlement en novembre 1982, les scientologues, défendus par le bâtonnier Claude Lussan, déposent une nouvelle plainte. Ils mettent en cause l'immunité de juridiction que confère à Interpol son nouveau statut. Contrairement à l'immunité diplomatique qui permet à un plaignant d'assigner les bénéficiaires de ce privilège devant un tribunal, à charge pour ce dernier de déterminer si l'immunité joue ou non dans le cas qui leur est soumis, l'immunité accordée à Interpol exclut totalement la possibilité de recours devant une juridiction, à l'exception de la commission de contrôle. Les scientologues dénonceront – à juste titre – une mesure liberticide. Seul le groupe communiste reprendra – mollement – quelques-uns de leurs arguments. La procédure est toujours en cours.

La scientologie revient à la charge en 1984. Arguant de l'article 3 de la charte d'Interpol qui stipule que « toute activité ou intervention dans des questions ou affaires présentant un caractère politique, militaire, religieux ou racial est rigoureusement interdit à l'organisation », la secte demande cette fois la destruction de tous les fichiers la concernant. Le tribunal de grande instance de Nanterre qui jugera l'affaire un an plus tard s'avouera fort embarrassé dans ses attendus et prononcera un sursis à statuer, invoquant la nécessité de consulter le ministre des Relations extérieures sur la portée de l'accord d'immunité. On attend encore la réponse du ministre...

Loin de se décourager, la secte reprend son bâton en 1988. Cette fois, la plainte émane d'un scientologue italien, Marco Damiani. L'affaire remonte au 4 décembre 1986. Ce jour-là, la police italienne fait irruption dans l'ensemble des centres de la secte. Plusieurs responsables sont interpellés et déférés devant la justice, parmi eux Damiani.

L'Église voit derrière cette opération la main d'Interpol. Les autorités italiennes ont en effet sollicité l'organisation internationale peu avant la rafle. L'antenne madrilène d'Interpol leur a notamment adressé le 20 novembre 1986 un rapport de synthèse sur l'Église de scientologie et son fondateur. Un document sur lequel OSA International a fini par mettre la main, d'où leur action en justice. L'affaire semble toujours être en attente de jugement. Dans cette bataille contre Interpol, la scientologie a su se gagner quelques amitiés. En mai 1981, le Mouvement contre le racisme et l'amité entre les peuples (MRAP, proche du parti communiste) déclare au cours d'une conférence de presse qu'il soupçonne Interpol de détenir le fichier des Juifs français établi sous l'Occupation (on sait aujourd'hui que ce fichier a été détruit après la guerre. Une partie a cependant été conservée par le ministère des Anciens Combattants pour le règlement des pensions !). L'association ne cache pas ses sources : la secte.

Un mois plus tôt, le mensuel *Le Droit de vivre,* organe de la Ligue contre le racisme et l'antisémitisme (LICRA), avait formulé les mêmes accusations sur la base de documents fournis par le représentant d'une mystérieuse Ligue pour une justice honnête, en fait un des paravents de l'Église. Plusieurs journaux recevront à la même époque la visite de ces envoyés très particuliers.

En novembre de la même année, une lettre ouverte est adressée à Claude Cheysson, alors ministre des Relations extérieures. La missive réclame « un contrôle exhaustif des fichiers d'Interpol », « la remise aux archives du centre de documentation juive contemporaine [...] du fichier des Juifs établi pendant la guerre s'il se trouve dans les quartiers généraux d'Interpol à Saint-Cloud », « une enquête approfondie sur les méthodes employées par Interpol », « la dissolution d'Interpol » telle qu'elle existe, pour son remplacement par une organisation ayant une personnalité juridique qui la soumette complètement au droit interne français ».

Les signataires sont au nombre de sept : Beate Klarsfeld pour la LICRA ; son époux, Serge Klarsfeld, président des Fils et filles de déportés juifs de France » ; Georges Wellers, maître de recherche honoraire du CNRS et membre du comité exécutif du Centre de documentation juive contemporaine ; Marcel Paul, ancien ministre et président de l'Association française Buchenwald-Dora, Jacqueline Semo, ancienne déportée juive des camps de concentration et deux personnages que nous avons déjà rencontrés. Le premier n'est autre que Michel Raoust, le directeur de Dialogic, la société informatique qui travaillait pour le ministère de l'Intérieur. Quant au second, il s'agit de François Bonnet, qui deviendra président de l'Église avant de rejoindre OSA. Deux scientologues qui se gardent bien d'afficher la couleur. Raoust est présenté comme « cofondateur du Comité pour le libre accès à l'information ». Bonnet, lui, est « président de la Ligue pour une justice honnête ».

Ces pseudopodes ont-ils abusé les autres signataires ? Nous voulons le croire. Une chose est certaine, le courant est passé entre les époux Klarsfeld et les scientologues. Des cinq signataires non membres de la secte, ce sont les seuls à avoir été portés, avec un crédit de 3 points, sur la liste des « appuis potentiels » reproduite plus haut.

Est-ce la mauvaise réputation de l'Église ? Toujours est-il que ses dernières tentatives pour relancer la campagne contre Interpol se sont soldées par un fiasco. Ainsi la mini-manifestation qu'ils avaient prévu d'organiser lors de l'inauguration par François Mitterrand du nouveau siège d'Interpol à Lyon en novembre 1989. François Bonnet et quelques agents d'OSA étaient spécialement descendus dans la capitale des Gaules pour encadrer la protestation. Le service d'ordre ne leur a pas laissé le temps de se rassembler et encore moins de distribuer le tract confectionné pour l'occasion – qui reprenait notamment une déclaration choc du chef de la police panaméenne Nivaldo Madrinan, responsable d'Interpol Panama : « Il faut pendre les suspects par les poignets et les fouetter jusqu'à ce qu'ils avouent. »

Chasseurs de sectes !

Bien qu'ils voient des antisémites un peu partout, les scientologues ne dédaignent pas à l'occasion de fréquenter l'extrême droite, un courant politique où l'antisémitisme est récurrent. Curieuse cécité qui en dit long sur la sincérité du combat mené par la secte.

Ainsi Jean-François Mayer (3 points) auteur de trois ouvrages sur les sectes publiés aux éditions du Cerf : *Sectes nouvelles, un regard neuf* (1985), *Les sectes* (1987) et *Confessions d'un chasseur de sectes* (1990). Un drôle de chasseur de sectes en vérité. Ses écrits se signalent par une singulière tonalité a-critique prétendument scientifique. Dès que surgit une interrogation, Mayer se réfugie dans le constat d'impuissance : *C'est pourquoi il n'est pas facile d'y voir clair ou de porter un jugement honnête et équilibré* [sur la scientologie] [...]. *Une appréciation globale ne paraît donc guère possible. N'ayant évidemment pas les moyens de mener une enquête policière, nous ne pouvons que continuer à examiner avec attention l'évolution de la situation et attendre que l'avenir nous apporte la réponse*[1]... Gênant, cette absence de curiosité de la part de quelqu'un qui se présente comme un « chasseur de sectes ». D'autant que, dès qu'on lui en fait le reproche, Mayer se fâche et oppose l'argument d'autorité : *Hormis le fait d'une quelconque perspective de croisade qui n'est évidemment pas la mienne, cette réserve est le fruit de l'expérience : il existe parmi les critiques des sectes quelques spécialistes compétents, mais aussi d'autres qui y sont venus un peu par hasard et n'ont du sujet que des connaissances superficielles et unilatérales. Nombre d'entre eux ne prennent même pas la peine d'aller rencontrer et étudier " sur le terrain " les groupes dont ils prétendent parler*[2].

Que Mayer ne mène pas de croisade contre les sectes, c'est entendu. En revanche sur le terrain politique, il ne peut pas en dire autant. Notre spécialiste des « nouveaux mouvements religieux » animait à la fin des années 70, à Lyon, un groupuscule néo-nazi dénommé « Horizons européens ». Il assurait également la diffusion locale de la revue *Défense de l'Occident*, importante revue de l'extrême droite européenne dans laquelle furent publiés les premiers écrits révisionnistes. On le retrouve en 1986 parmi les collaborateurs de *Pano-*

1. Jean-François Mayer, *Sectes nouvelles*, éditions du Cerf, Paris, 1985.
2. Jean-François Mayer, *Confessions d'un chasseur de sectes*, éditions du Cerf, Paris, 1990.

rama des idées actuelles, la revue bibliographique du GRECE. Encore aujourd'hui, Mayer est le correspondant suisse de la revue *Politica hermetica,* organe de l'association du même nom, dans laquelle se retrouve bon nombre de militants d'extrême droite férus d'occultisme [1]...

Mais sans doute sa mansuétude à l'égard de l'Église rachète-t-elle ces péchés !

Autour d'un auteur aussi complaisant envers l'Église, on ne s'étonnera pas de retrouver d'autres contacts de la scientologie, dûment répertoriés sur les listes « appuis potentiels ». Comme Émile Poulat, directeur de recherches au CNRS et d'études à l'École pratique des hautes études en sciences sociales (3 points), qui signe la préface de *Sectes nouvelles, un regard neuf. Secte est un mot piège, un mot socialement piégé, affirme Poulat. Tout groupe, un jour ou l'autre, est susceptible d'y être pris. Au regard d'intraitables adversaires – laïcistes, anticléricaux, athées militants –, l'Église (catholique) reste une secte qui a su réussir.* [2] [...]

On imagine combien ce genre de propos peut réjouir l'Église de scientologie. Si l'Église catholique est une secte qui a réussi, alors la scientologie est une religion en train de réussir. Les disciples de Ron Hubbard ne s'y sont d'ailleurs pas trompés, puisque cette réflexion de Poulat est fréquemment reproduite dans leurs publications [3].

Parmi les tenants de cette école de la « retenue scientifique », mentionnons encore Régis Dericquebourg (3 points), assistant en psychologie sociale à l'université Lille-III, auteur en 1988 d'un *Religions de guérison* aux éditions du

1. Sur le passé militant de Jean-François Mayer, on consultera l'excellent ouvrage de Jean-Yves Camus et René Monzat, *Les Droites nationales et radicales en France* (Presses universitaires de Lyon, 1992), ainsi que le non moins instructif *Enquête sur la droite extrême* (Le Monde, éditions, Paris, 1992), de René Monzat.

2. Préface de *Sectes nouvelles, op. cit.*

3. Citons par exemple la brochure de l'Église, *La scientologie, qu'est-ce que c'est ?* (document non daté).

Cerf dans la collection « Bref ». Une collection dont le directeur pour l'Europe s'appelle... Jean-François Mayer.

A nouveau l'ouvrage – au moins en ce qui concerne la partie consacrée à la scientologie – frappe par son manque de recul. En fait, il s'agit d'une honnête compilation des informations – vraies et fausses – que l'Église distille sur son propre compte. La seule enquête de terrain a été un « sondage auprès de 185 adeptes choisis au hasard dans le fichier de l'Église ». Le résultat n'a rien de bouleversant : les scientologues comptent dans leurs rangs des hommes et des femmes, certains sont mariés et en général ils sont plutôt bien insérés dans la société...

Nulle surprise donc à ce que l'on retrouve Mayer et Dericquebourg dans le catalogue des bons auteurs de la secte. Deux larges extraits de *Religions de guérison* sont par exemple reproduits dans le volumineux catalogue d'avis et de consultations favorables à la scientologie adressé par l'Église aux rédactions des journaux parisiens en juin 1992 [1]. Le même livre est encore cité dans le numéro hors série d'*Éthique et Liberté* – journal de l'association – paravent du même nom, de juin 1992.

Mayer, lui est appelé à la rescousse dans un rapport d'*Éthique et Liberté* intitulé : « La psychiatrie et les chasseurs de sectes », distribué lors d'une conférence de presse de Danièle Gounord en juillet 1990 : *Il est sûr qu'à l'heure actuelle, si l'un des grands prophètes religieux de n'importe quel bord* [sic] *redescendait sur terre, il aurait toutes les chances de se retrouver interné. Nous touchons ici à l'aspect le plus sérieux du phénomène ; c'est ce que le sociologue Jean-François Mayer décrit comme le processus de " médicalisation " et qui peut entraîner les plus grandes dérives.*

1. Dericquebourg est cité dans les chapitres suivants : *La scientologie améliore le bien-être et les aptitudes de ses membres, disent les experts* et *La scientologie améliore les relations familiales grâce à l'étude et l'application de la scientologie.*

La page suivante est également fort instructive : *On constate, écrivent les scientologues, que les universitaires et les chercheurs : sociologues, psychologues, et historiens qui ont tenté de décrire les religions minoritaires en s'écartant des préjugés habituels et des débats passionnels ont été qualifiés de complaisants ou de partisans, parce qu'ils voulaient donner une description la plus objective possible de certaines minorités religieuses. Nous ne citerons pour exemple Jean-François Mayer et Régis Dericquebourg, le plus souvent de manière indirecte à travers des interventions sévères auprès de leurs éditeurs. Ne faut-il décrire ces religions qu'en termes d'anecdotes scabreuses ? A quand les autodafés ?* La secte sait pratiquer le renvoi d'ascenseur...

Les bons psys et les autres

Curieux document que ce rapport sur « La psychiatrie et les chasseurs de sectes ». Il tente laborieusement de démontrer que les associations antisectes sont manipulées par les psychiatres, eux-mêmes à la solde de la CIA. Nous épargnerons au lecteur les méandres du raisonnement. Son auteur, François Bonnet, a d'ailleurs tenté de le résumer par un organigramme largement distribué aux journalistes lors des conférences de presse scientologues de l'été 1990. L'affaire n'en est devenue que plus embrouillée.

Quelle surprise par conséquent de relever sur la liste des « appuis potentiels » deux noms de psychiatres, Serge Bornstein (2 points) et Philippe d'Espagnac (3 points).

Le premier est neuropsychiatre, expert inscrit sur la liste nationale agréé près le bureau de la Cour de cassation et responsable du diplôme de psychiatrie légale à la faculté de médecine de Paris-Sud. Le second est membre du Conseil européen des psychanalystes et de l'Institut de recherche et d'information thérapeutique. Des bagages qui, à eux seuls, suffiraient pour les déclarer « suppressifs ».

Mais voilà, comme avec les antisémites et les chasseurs de sectes, il y a les bons et les mauvais psychiatres. Les premiers se reconnaissant à leurs déclarations en faveur de la scientologie. Dans une étude de 1979 [1], Bornstein estime ainsi que : *Par son système de pensée, qui est aussi un système de valeurs, forgeant ses propres pensées, son vocabulaire, sa pratique, la scientologie apparaît donc comme un mouvement religieux récent, bien codifié, en constante progression, sans rapport avec la profusion des sectes* [...] *auxquelles on veut tenter de l'assimiler dans un but d'élimination, car la religion des autres est toujours un fatras de superstitions.* » Un véritable label d'honorabilité que Bornstein complètera au cours des années suivantes par un éloge de Hubbard [2] et une prise de position en faveur de la cure de purification [3].

Le second « psy », d'Espagnac, s'est, lui, converti en vulgarisateur de la dianétique. Il est l'auteur d'une synthèse en vingt-cinq pages du texte fondateur de l'Église, non datée, mais largement diffusée auprès des adeptes en quête d'une caution scientifique.

1. Étude du 9 octobre 1979.

2. Serge Bornstein, étude du 11 mars 1981 : *Vaste synthèse originale répondant au statut socio-politique de l'homme moderne, la scientologie, prônée par L. Ron Hubbard s'impose comme une figure marquante du XXe siècle et sa philosophie religieuse se range parmi les plus grands courants spirituels de l'humanité.*

3. Serge Bornstein, synthèse du 27 juin 1987 sur le programme de purification : *La méthode de purification rapportée nous semble devoir être vue à travers le courant spiritualiste qui l'a inspirée, renouvelant les principes initiatiques prônés par les grandes religions depuis des temps ancestraux. [...] Indépendamment d'une signification spirituelle qui échappe à notre analyse, on peut raisonnablement penser sur un plan scientifique, que le protocole proposé [le programme de purification scientologue] n'a rien de contraire aux données actuelles de la science en matière d'obtenir un bon équilibre sur le plan psychique et somatique.* On notera que cette consultation a été établie, ainsi que le précise Bornstein lui-même dans le document, à la demande des avocats de la secte, Claude Lussan, Mourad Oussedik et Michel Zavrian.

Ce ne sont pas les seuls membres du corps médical à être convaincus des bienfaits des thérapies scientologues. Le docteur Paul Chauchard, psychophysiologue et directeur honoraire à l'École pratique des hautes études déclare dans une lettre de 1986 [1] que le programme de purification lui paraît *tout à fait valable pour une remise en état de l'homme moderne aux prises avec toutes les pollutions chimiques, physiques et affectives.*

En février 1989, le docteur Chauchard a participé au congrès « dianétique et médecine » qui s'est tenu à l'hôtel Hilton à Paris. Organisé par le Centre d'information sur la dianétique, association présidée par le professeur de physiobiochimie Sylvain Raccah, scientologue de longue date, la manifestation rassemblait une cinquantaine de membres de professions médicales et paramédicales. Maître d'œuvre de la réunion, le docteur Claude Boublil, inculpé le 20 février 1992 de complicité d'exercice illégal de la médecine par le juge parisien Marie-Paule Moracchini. C'est en effet chez ce scientologue de haut niveau – il est OT 8 – que la plupart des adeptes parisiens allaient retirer le certificat médical préalable à la cure de purification.

La manifestation n'a sans doute pas comblé les espoirs de ses organisateurs, puisqu'elle n'a jamais été reconduite. Parmi les ouvrages recommandés par la brochure *Dianétique et médecine, une thérapie fiable qui donne des résultats,* distribuée au cours de ce colloque, figurait en bonne place, à côté des œuvres de Hubbard, le livre de Régis De Ricquebourg, *Religions de guérison* [2]...

1. Paul Chauchard, lettre à l'Église de scientologie du 16 juillet 1986.
2. *Op. cit.*

Églises de toutes confessions, unissez-vous

Comment expliquer que des ecclésiastiques aient pu apporter leur soutien à la secte ? Mauvaise information ? Œcuménisme forcené ? Certainement. Mais on aurait pu croire ces pasteurs plus vigilants. N'est-ce pas d'une certaine manière leur espace social que la secte grignote ? D'autant que, dans certains cas, l'excuse de la crédulité ne peut pas jouer. Que le dominicain Bernard Dupuy (3 points) affirme en 1979 que [la scientologie] *est une religion délibérément tournée vers la vie et vers « l'affirmation de l'existence »* (cf. *toutes ses réalisations sociales). En tant que telle, la scientologie ne répond pas à la définition de « secte » qui est selon le dictionnaire* Petit Robert *« un groupe organisé de personnes qui ont une même doctrine au sein d'une religion* [1] », voilà qui est explicable. Directeur du centre d'études œcuméniques Istina à Paris, membre de diverses commissions de l'épiscopat pour le dialogue avec d'autres religions, il aura succombé au piège de sa fonction. Mais que penser du père Yves Gibon (3 points) qui déclare dans une consultation en date du 7 octobre 1980 : *Je suis le premier à reconnaître les tendances religieuses nouvelles de la scientologie, et à me réjouir d'une visée qui la rapproche de Dieu.* Gibon était en effet à l'époque délégué du cardinal Marty à l'information sur les sectes...

Quant au père Maurice Cordier, crédité de 3 points sur la liste de Martin Weightman, son appui s'est manifesté à deux reprises. En 1977, d'abord, sous forme d'une attestation [2] rédigée après une visite de l'Église à l'invitation « d'amis ». Le prêtre qui officiait alors à Thiais dans le Val-de-Marne explique notamment que pour comprendre ce qui se passe à

1. Père Bernard Dupuy, consultation du 21 septembre 1979.

2. Attestation du 2 novembre 1977, reproduite dans une brochure de la secte *A propos de l'Église de scientologie* (1977).

l'Église de scientologie, il est *nécessaire d'acquérir une certaine connaissance de la doctrine, du contenu de l'enseignement et de la méthode spirituelle proposée. Faute de quoi, l'originalité propre de l'Église de scientologie risque d'échapper à l'observateur, qui serait alors tenté de recourir à des assimilations hasardeuses, au mépris de la liberté de penser et de croire.* Bref, le seul moyen de déterminer si l'Église est une secte, c'est d'en faire partie.

A l'époque, l'Église n'était guère connue en France. On pouvait hésiter sur sa nature. Mais, depuis, elle a souvent occupé la rubrique « justice » des journaux. A la place du père Cordier, on serait devenu prudent. Eh bien, non. En 1988, le prêtre accorde une interview [1] à *Éthique et Liberté,* le journal de l'Église. Sur les méfaits des drogues et des tranquillisants. En compagnie cette fois d'un représentant de la mosquée de Paris, Raïs Hocine. L'Église n'a pas perdu son temps en misant sur le prêtre...

Sectes de tous les pays, unissez-vous

Nous ignorons la nature des liens qu'entretient la scientologie avec Khrishna ou le zen macrobiotique, deux des sectes mentionnées sur la liste des « appuis potentiels ». En revanche, on trouve trace du docteur Marie (crédité de deux points), le directeur des relations publiques de l'Église de Jésus-Christ des saints des derniers jours – autrement dit les mormons – dans un numéro d'Éthique et liberté [2] de 1988. Quelques phrases sur les tranquillisants. Un nom de plus pour l'Église et une tribune pour le mormon. Chacun y trouve son compte.

Le projet de créer un front commun des sectes – sinon

1. « L'âme a-t-elle besoin d'aspirine ? », interview de Maurice Cordier et Raïs Hocine, *Éthique et Liberté,* numéro de janvier-février 1988.
2. *Éthique et Liberté,* juin-juillet 1988.

pourquoi entretenir des contacts avec ces groupes ? – est cependant réel... Au début de 1992, l'Église s'est lancée dans une grande offensive contre l'ADFI, accusée d'être à l'origine de ses déboires, notamment l'interpellation d'une trentaine d'adeptes en janvier de la même année. Première attaque, l'assignation en justice au printemps de l'association antisectes afin d'obtenir sa dissolution. Seconde opération, la création à la même époque d'une « Association pour la défense des victimes de l'ADFI [1] » qui rassemble déjà, outre l'Église, une secte, les Enfants de Dieu, et un groupe controversé, le château du Magnet. Association médiévaliste du Berry, le château du Magnet communie dans l'amour des troubadours et autres gentes dames, mais aussi dans le culte de la « Mère universelle ». Un musée spécialement dédié à celle-ci a été installé dans le château qui abrite la communauté. Jusqu'à présent, aucune plainte n'a été enregistrée contre ce groupe catalogué comme secte par l'ADFI. L'accusation lancée par cette dernière n'était sans doute pas suffisamment étayée, puisque en mai 1992, le château du Magnet a gagné le procès en diffamation qu'il avait intenté à l'association antisecte. Fort de cette victoire, les amoureux de la chevalerie ont entamé deux autres actions contre l'ADFI.

Un dénouement judiciaire qui doit beaucoup à l'Église. C'est en effet son avocat, Dominique Inchauspé, qui a assuré la défense du Magnet. On retrouve encore sa patte dans un tract distribué peu après le procès. Signé « la défense du château du Magnet », grâce aux documents rassemblés par « l'association des victimes de l'ADFI » – autrement dit la scientologie –, la prose reprend de larges citations de la bro-

1. Association des victimes de l'ADFI (AVA), 136, rue Jean-Jaurès, 94700 Maisons-Alfort. Depuis le début 1993, une seconde adresse est communiquée, le 4, rue Burq, 75018 Paris, qui correspond à la fois à l'adresse postale du CFSD et au domicile de son président, Marc Walter.

chure de Pierre Barrucand (un des « appuis potentiels » de l'Église), *Haine d'hier et d'aujourd'hui...*

La collaboration avec les Enfants de Dieu, groupe clandestin poursuivi pour proxénétisme, détournement et incitation des mineurs à la débauche, s'est manifesté plus récemment, le 4 septembre dernier, au Mans. Depuis plusieurs années, le docteur Jacques Richard, responsable de l'ADFI sur la ville, n'avait plus de nouvelles de son fils, Olivier, adepte des Enfants de Dieu. Un jour de l'été dernier, il reçoit un coup de téléphone du Japon. C'est Olivier. Il veut rencontrer son père. Rendez-vous est pris pour le 4 septembre dans un café du centre-ville, en terrain neutre. Au jour dit, surprise : Olivier n'est pas seul. Des membres du château du Magnet, des adeptes des Enfants de Dieu l'encadrent. Une femme dirige les opérations : Danièle Gounord, présidente de l'Église à l'époque des interpellations de 1990 et promue depuis au rang de responsable européen de la secte [1].

C'est en fait un véritable traquenard qu'on a tendu au docteur Richard. Très ému de revoir son fils, il lui propose d'aller à la maison, sa maison. Mais Olivier se raidit. Ses camarades l'observent. Danièle Gounord se lance dans une violente diatribe contre l'ADFI, accusé d'être une secte ; les journalistes locaux convoqués pour la circonstance ne s'y retrouvent plus. Le mal est fait : Olivier repart avec ses amis. Les scientologues triomphent. Ils ont prouvé « l'intolérance de l'ADFI ».

L'Église entretient également de bonnes relations avec la secte Moon. Danièle et Christian Gounord ont assisté à la réunion organisée le 15 novembre 1992 à l'hôtel PLM Saint-Jacques à Paris en l'honneur de l'épouse du gourou sud-coréen, Mme Hak Ja Han Moon, alors en tournée en France.

1. Danièle Gounord a démissionné de son mandat de présidente le 15 janvier 1991. Elle a été remplacée par Jacques Tauzin, auquel a succédé le 15 août 1991 Jean-Paul Chapellet. En décembre 1992, l'ancien responsable d'OSA pour la France était toujours à la tête de l'Église de scientologie.

Qu'on se rassure : l'Église fréquente également des organisations qui ont meilleure presse. Par exemple, l'Association internationale pour la défense de la liberté religieuse (AIDLR), dirigée par Gianfranco Rossi (apparemment l'« appui potentiel » le plus important pour la secte, puisqu'il est le seul à être coté 4 points). Une association prestigieuse. Dotée du statut consultatif auprès des Nations unies, du Conseil de l'Europe et de l'Unesco, cette organisation non gouvernementale rassemble dans son comité d'honneur des personnalités de premier plan : l'ancien président de la République du Sénégal, Léopold Sédar Senghor, l'écrivain André Chouraqui ou encore le professeur Jacques Ellul.

L'AIDLR est citée dans un document de l'Église dont nous avons déjà parlé : le rapport de 1990 sur « La psychiatrie et les chasseurs de sectes ». Elle est présentée en ces termes : *Une autre association lutte contre les dangers de ces thèses. Il s'agit de l'Association internationale pour la défense des libertés religieuses (AIDLR). Lors d'un congrès sur les nouveaux mouvements religieux* [1]*, à Parme en 1988, le professeur Jacques Robert, juriste de renom, nommé en 1989, membre du Conseil constitutionnel, concluait : "Alors bien entendu, lorsqu'on est surpris ou qu'on a peur, se produit le phénomène bien connu du bouc émissaire : on désigne la minorité d'où vient le mal,* [...] *les nouvelles religions provoquent un mouvement de rejet instinctif; peur de l'inconnu, de la concurrence ? et si elles avaient raison* [2] *?* " »

L'AIDLR fait partie du comité français des organisations

1. Nous supposons qu'il s'agit d'un congrès organisé par l'AIDLR. La phrase s'enchaîne en effet avec la précédente sans alinéa.

2. Rapport d'*Éthique et Liberté,* « La psychiatrie et les chasseurs de sectes », 1990.

Remarquons par ailleurs que *Conscience et liberté,* la revue semestrielle de l'AIDLR a ouvert ses colonnes à des « Target Defence » que nous avons déjà rencontré : Jean Bauberot (numéro 38, 2e semestre 1989), Émile Poulat, (idem) et Jean-François Mayer (numéros 25, 27, 28 et 37).

non gouvernementales pour la liaison et l'information des Nations unies. En octobre 1992, ce comité a organisé à l'Unesco un colloque intitulé « Droits de l'homme : liberté d'opinion et manipulation mentale, le phénomène des sectes ».

Coïncidence, Danièle Gounord était ce jour-là dans la salle. Elle interviendra à la fin de la réunion pour déplorer « qu'on n'ait pas invité des universitaires pour débattre du problème ». Une allusion à un des plus fidèles compagnons de route de la secte, Pierre Barrucand, qui, démuni de carton d'invitation, s'était fait refouler à l'entrée du colloque. Il se consolera en distribuant devant les portes de la salle une petite brochure d'une vingtaine de pages, « Une nouvelle idéologie de l'intolérance, la sectophobie », portant la signature de l'association des victimes de l'ADFI (AVA).

La constitution d'un front commun antisectes a pris forme à la même époque. Le 7 octobre 1992 s'est créée la Fédération internationale des religions et philosophies minoritaires (FIREPHIM). Présidente : Danièle Gounord. Le secrétariat général a été attribué à Jacques Aizac, membre du mouvement raëlien, une secte férue de phénomènes extraterrestres. Le poste de trésorier est revenu à Bernard Mitjavile, membre de l'Église de l'unification, autrement dit la secte Moon. Dans un livre publié en janvier 1993, *Le racisme religieux financé par le gouvernement socialiste*, Claude Vorilhon, alias Raël, fondateur et dirigeant suprême du Mouvement raëlien international, explique avoir été à l'origine de la fédération avec l'Église scientologie. La FIREPHIM [1] aurait enregistré au cours de son premier mois d'existence l'adhésion de dix-sept organisations [2].

Les projets de la FIREPHIM sont définis en ces termes :

1. FIREPHIM : 27, rue d'Ottrot, 67200 Strasbourg.

2. Parmi celles-ci, outre l'Église de scientologie, Moon et Raël, figurent Sri Chinmoy, la Wicca occidentale, les Témoins de Jehova, l'Assemblée des Baha'is de France, Le Patriarche (Toulouse).

« Être toujours représenté dans les émissions de télévision où l'ADFI attaque les minorités spirituelles [...] poursuivre les écrits et propos diffamatoires, assurer un soutien psychologique par des psychiatres et des psychologues neutres, [...] créer des centres d'hébergement provisoire pour les jeunes chassés de leur famille à cause de leurs convictions religieuses *[sic]*, aider juridiquement les personnes pendant leur emploi pour ces mêmes motifs en essayant de leur apporter également une aide dans la recherche d'un nouveau travail, en créant éventuellement un bureau de placement multiconfessionnel regroupant des patrons souhaitant donner la priorité dans leur embauche *[sic]* à des membres de minorités religieuses au philosophiques [...]. »

D'ores et déjà, le premier de ces projets a été réalisé. Le 11 janvier 1993, on a pu ainsi voir Raël et Danièle Gounord faire cause commune sur le plateau de « Français, si vous parliez », l'émission quotidienne du journaliste André Bercoff, sur France 3, consacrée ce jour-là aux sectes. L'Église de scientologie et les raëliens avaient pour la circonstance mobilisé en masse et investi la plupart des places réservées au public. Avec une telle salle, les deux dirigeants sectaires n'eurent aucun mal à s'imposer face aux représentants des associations antisectes.

A l'assaut des médias

Martin Weightman, le responsable d'OSA qui a rédigé la liste des « appuis potentiels », comptabilise sur ce document vingt-quatre radios régionales, soit un total de 48 points. Il s'agit de toutes les radios périphériques et privées ayant accepté de diffuser des spots ou des émissions favorables à la scientologie. La première tentative de ce genre remonte à avril 1987. New Era, la maison d'édition de la secte fait passer sur RTL plusieurs messages publicitaires vantant le livre

La Dianétique. Alertée par des auditeurs, la station stoppe la diffusion des écrans au bout de une semaine et saisit le Bureau de vérification de la publicité (BVP). RTL n'est apparemment pas la seule station a avoir été sollicitée par les scientologues. Dans son bulletin numéro 89 de juin 1987, le BVP évoque en ces termes les campagnes radiophoniques de la scientologie : « Un certain nombre de nos adhérents, presse, radio, TV ont été amenés à nous interroger sur l'opportunité de diffuser des messages émanant de sectes. Ces messages, en majorité, ne visent pas à recruter directement des adeptes, mais proposent des produits comme des livres, des revues, etc., vendus à l'instigation de la secte elle-même. Il n'y a pratiquement jamais de problèmes quant à la conformité de leur rédaction aux dispositions légales ou déontologiques. [...] Dans ces conditions, il est fort difficile de trouver un motif de s'opposer à la diffusion de ces publicités... Cependant, il est du devoir du BVP d'informer ses adhérents de ce que ces messages sont le fait de sectes, au cas où ils ne l'auraient pas soupçonné, et de leur rappeler qu'ils peuvent toujours refuser des messages qu'ils estimeraient ne pas convenir à leur audience [1]. » Jacques Panis, le directeur de New Era, change alors son fusil d'épaule. En juin 1988, il contacte la société Ofredia, spécialisée dans l'édition de bandes et de cassettes enregistrées et propose la réalisation d'un feuilleton retraçant la vie de Hubbard. Ofredia accepte. Il est vrai que Ron leur a été présenté comme l'archétype de l'aventurier. Le scénario prévoit cependant qu'un des cinquante-cinq épisodes de la série, intitulée *La vie extraordinaire de L. Ron Hubbard* sera consacré à la scientologie. Mais les dirigeants d'Ofredia n'y ont guère prêté

1. En 1989 et 1990, le BVP comptera cependant parmi ses membres la maison d'édition scientologue New Era au titre de régie publicitaire. La tonalité par trop scientologue de ses argumentaires entraînera son éviction par la suite.

attention. « Nous nous sommes fait piéger, reconnaissent-ils aujourd'hui. A l'époque, Paris était tapissé d'affiches vantant la dianétique et quelques mois plus tôt Julia Migenes avait évoqué les bienfaits de la scientologie sur le plateau du « Grand Échiquier » de Jacques Chancel. Nous n'avions pas conscience qu'il s'agissait d'une secte. »

Le feuilleton enregistré, Ofredia conseille à Jacques Panis de prendre contact avec Radio Nostalgie, station dont elle détient 16 % du capital. Marché conclu. Un contrat publicitaire est signé entre la radio et New Era. Curieusement, aucune des deux parties ne se souvient de son montant.

Le 11 juillet 1988, la diffusion du feuilleton commence. Elle se double d'un jeu-concours sur la dianétique dont le premier prix est un séjour de neuf jours en Égypte. Certains auditeurs, apparemment moins naïfs que les dirigeants de la station, protestent. Le 4 août, Frédéric Coste, le patron de Radio-Nostalgie se résout à suspendre l'émission. Le contrat étant rompu, la scientologie n'aura rien à débourser.

En décembre 1988, Jacques Panis tente à nouveau sa chance auprès de Pacific FM, radio aujourd'hui disparue. La station accepte et diffusera l'intégralité du feuilleton au cours des premiers mois de 1989. S'agit-il d'une diffusion publicitaire, c'est-à-dire payante ? Ou, au contraire, la secte a-t-elle vendu la série à Pacific FM ? New Era et les dirigeants de la radio n'ont pas voulu répondre. Seule certitude, Ofredia a reçu 20 000 francs au titre de producteur de l'émission.

Au printemps 1989, Jacques Panis prospecte une nouvelle fois les radios. Objectif : promouvoir les exploits de Philippe de Henning, un coureur automobile qui, après une parenthèse de plusieurs années au cours de laquelle il s'est consacré à la photographie de mode, affirme avoir repris le chemin des circuits grâce à la scientologie. Agé d'une cinquantaine d'années, Henning qui fréquente l'Église depuis 1980 a couru l'édition 1987 des Vingt-Quatre Heures du Mans au volant d'une Spice C2 aux couleurs de la dianétique grâce à une subvention de New Era d'un montant de 350 000 francs [1].

Cette publicité pour la secte n'a pas échappé au docteur Jacques Richard, le responsable de l'ADFI du Mans. Il saisit les organisateurs de la course, qui, fort embarrassés, se tournent vers le ministère de la Jeunesse et des Sports. Bien que rien dans les textes ne puisse interdire la participation d'une voiture aux couleurs de la dianétique, Philippe de Henning sera contraint l'année suivante de renoncer à participer à la course.

La scientologie ne baisse pas la garde pour autant. En 1989, Henning parvient à s'incrire à la compétition. New Era, qui a reconduit sa subvention, entend la rentabiliser au maximum. Jacques Panis contacte donc la radio Kiss FM et lui propose d'encadrer la retransmission des moments forts de la course par des spots en faveur de la dianétique. Le directeur de la station à l'époque, Emmanuel Deponçin, affirme aujourd'hui s'être fait piéger : « J'ignorais totalement ce qu'était la dianétique. D'ailleurs, dès que nous avons reçu les premières protestations d'auditeurs, nous avons tout arrêté. »

Version contredite par celle de Jacques Panis : « Emmanuel Deponçin m'a été présenté lors de la remise du Laurier d'or des sciences humaines à Ron Hubbard. Nous avons parlé d'une éventuelle campagne sur Kiss FM. L'affaire s'est conclue peu après. Le contrat a été établi par la société Digital Matrix qui a versé à Kiss FM la moitié du prix de la diffusion des messages, soit 40 000 francs. C'était d'ailleurs la

1. New Era a également subventionné le pilote motocycliste Gaston Rahier – qui n'est pas un scientologue –, pour l'édition 1991 du rallye Paris-Dakar. Montant de l'aide : 300 000 francs. Rahier a été mis en contact avec New Era par l'intermédiaire d'un autre motard de renom, Andy Bruner, un scientologue convaincu.

dernière opération de cette agence, puisqu'elle a déposé son bilan peu après. » Décidément la scientologie sait rentabiliser ses réunions mondaines...

Apôtre du marketing à outrance, l'Église fait appel à tous les supports publicitaires. Profitant des tarifs réduits concédés par les régisseurs de panneaux publicitaires en période creuse, l'Église loue régulièrement des espaces pour vanter le livre *La Dianétique* dans les rues de la capitale. En janvier 1992, la secte s'est doté d'un serveur Minitel (48 78 81 11). Elle dispose également de deux numéros verts (05 02 44 58 et 05 05 08 46).

Éthique et Liberté, le bimensuel de l'association du même nom est, lui, distribué en kiosque depuis l'automne 1991 [1]. A cette revue des stragégies de communication de l'Église, il faut encore ajouter la brochette d'artistes connus et moins connus – l'acteur Xavier Deluc, le pianiste Cyprien Katzaris, le chanteur Antoine Tome, le peintre Michael Pattinson, personnalités auxquelles on peut adjoindre le tennisman Arnaud Boetsch et la championne d'athlétisme Anne Piquereau – qui fréquentent la secte. Ceux-ci sont de toutes les cérémonies et galas, sans oublier les marches de protestation.

A l'occasion leur notoriété ouvre quelques portes. La participation de Michael Pattinson en décembre 1988 au 4e Salon international d'arts plastiques à la Défense a ainsi permis à l'association Éthique et Liberté d'accoler son nom à celui de l'Unicef sur les cartons d'invitation. Signalons enfin que l'auteur des affiches de la campagne antitabac menée par la RATP à l'automne 1991 n'est autre que le dessinateur Frapar, de son vrai nom François Parmentier, vice-président du Centre d'information sur la dianétique.

1. Dans le numéro d'octobre 1991, le premier à être distribué en kiosque, le journal annonçait qu'il était à la recherche de collaborateurs « désirant contribuer à la création d'un monde meilleur ». Parmi les postes proposés figurait celui de « journaliste/détective ». Tout un programme...

Les dictionnaires réservent parfois des surprises

Denis Huisman (3 points) est un allié précieux de la secte. Il a en effet réussi à glisser le message de l'Église dans des publications auxquelles à priori elle n'aurait pas eu accès. Les *Dossiers de l'histoire* de janvier-février 1981 (numéro 29) décriront Hubbard en ces termes : *Personnage effectivement hors du commun, il a la carrure d'un éminent philosophe, d'un fondateur de religion et d'un haut homme de science.* Une éloge que l'on doit, bien sûr, à la plume de Huisman.

Coïncidence, dans le numéro 39 des *Dossiers de l'histoire* (septembre-octobre 1982) on remarque un nouvel article favorable à l'Église. Son auteur, Stéphane Miles [1], un scientologue affirme que *L. Ron Hubbard semble avoir, au cœur de notre XXe siècle, la dimension qu'avait Leibniz en son temps* ou encore qu'il a fait *rattraper aux sciences humaines le retard sur les sciences de la matière.*

Dans le dictionnaire des philosophes édité aux Presses universitaires de France et dirigé par Denis Huisman, figure page 1261, une notule consacrée à Hubbard qui reprend mot pour mot la biographie officielle de l'Église.

Rien d'étonnant à cela : son auteur n'est autre qu'un scientologue, Gérard Mercier, ancien cadre d'INFI [2] – la société infiltrée par l'Église qui travaillait pour la défense nationale.

Mercier, scientologue chevronné puisqu'il figure sur les listes des donateurs de l'Association internationale des scientologues avec le titre de « patron », a également signé avec Brigitte Bouvier, avocate attitrée des scientologues et scientologue elle-même, un article dans *La Vie judiciaire* – hebdomadaire d'annonces légales et de documentation juridique

1. Stéphane Miles figure ainsi parmi les membres du comité de rédaction du numéro 1 des hors-séries d'*Éthique et Liberté,* paru en juin 1992.
2. Voir chapitre 3, p. 103.

– du 29 juin 1987. Un long commentaire des procédures d'appel engagées par les trois dirigeants scientologues qui, en compagnie de Hubbard lui-même, avaient été condamnés en 1978 pour escroquerie . Procédures qui aboutiront à la relaxe des prévenus – à l'exception de Hubbard, celui-ci n'ayant pas formé appel. *Aussi,* écrit Brigitte Bouvier, *au cas ou une condamnation a été annulée par une décision devenue définitive, devrait-il être interdit, a fortiori à quiconque de faire état de la condamnation initiale qui a disparu (avec ou sans la mention de la décision infirmative).* En clair, défense de rappeler que des scientologues ont été traduits en justice et que Ron Hubbard a été condamné pour escroquerie.

Enfin, toujours au chapitre des dictionnaires, signalons pour la bonne bouche que l'article sur Ron Hubbard dans l'Encyclopediæ Universalis a été rédigé par... Jean-François Mayer , « l'appui potentiel » de la secte versé dans l'occultisme à la sauce néo-nazi.

Achetez-vous une caution !

Exclure de la liste des religions, sous prétexte qu'elle est par trop présente au monde moderne, la seule Église de scientologie, ce serait en faire un bouc émissaire. [...] Étant désormais hors de doute que l'Église de scientologie est une religion, il paraît logique et juste de lui appliquer le régime des droits qui est applicable à toutes les religions. (Consultation du doyen Jean Carbonnier du 15 février 1982.)

La mémoire de M. Ron Hubbard se trouve entaché d'une condamnation infamante [il s'agit de sa condamnation par défaut pour escroquerie à quatre ans de prison ferme et 35 000 francs d'amende par la 13e chambre correctionnelle de Paris en 1978] *sans qu'il ait été mis en mesure de se défendre, ni au cours de la procédure qui se déroulait contre lui à son insu, ni depuis lors par une voie de recours quelconque.* (Consultation du professeur Georges Levasseur [1].)

Qui ne serait pas impressionné par pareilles déclarations ? Elles émanent en effet des deux plus grands noms du Droit français. Deux sommités qui nous disent, pour la première, que la scientologie est une religion, et pour la seconde, que la mémoire de Hubbard est injustement entachée. De quoi être ébranlé, car on n'imagine pas que pareilles pointures se soient engagées à la légère. Pourtant, rien n'est plus facile que d'obtenir ces cautions. Carbonnier et Levasseur n'ont pas pris la plume spontanément. Ce sont les scientologues qui leur ont demandé ces consultations. Comme tout un chacun peut le faire, moyennant finance.

Sur quoi se sont fondés nos juristes pour formuler leur avis ? Sur des textes uniquement. Les statuts de l'Église, les attendus des différents jugements, parfois les publications des propres scientologues. Mais jamais sur une enquête ou une instruction menée par un magistrat. Aucun d'entre eux n'a mis les pieds dans les locaux de l'Église. Bref, ils se sont prononcés en droit – ce qu'on leur demandait –, mais pas sur le fond, à savoir les pratiques de la secte.

Seulement voilà, l'opinion ne fait pas la différence. Elle ne verra qu'une chose : que deux grands juristes français affirment que l'Église de scientologie est une religion et que Hubbard n'est pas repris de justice. Toute l'habileté des scientologues est là, dans ce piège. Et ils ne se privent pas d'exploiter le filon. Rares sont les publications de la secte où l'une de ces consultations n'est pas citée – en concurrence d'ailleurs avec celles de Jacques Robert.

Il ne reste plus qu'à enfoncer le coin. Si l'Église est une religion, il est normal qu'elle ait des revenus. Et, pour appuyer la démonstration, il suffit de produire une nouvelle

1. Nous ne disposons malheureusement pas de la date de ce document repris dans une brochure de l'Église. Seule la dernière page de la consultation a en effet été reproduite par les scientologues.

consultation d'expert. Celle rédigée, par exemple, par Philippe Laburthe-Tolra, (côté 2 points sur la liste des « appuis potentiels ») professeur à l'UER de Sciences sociales de Paris-V [1]. *Toute organisation qui se propose de recruter des adhérents à un niveau national ou international est condamnée à brasser des fonds importants ; sinon, c'est qu'elle a échoué ! De ce point de vue, il me paraît fort peu pertinent de reprocher à l'Église de scientologie son développement financier et de la condamner comme « entreprise bien gérée » (on veut dire trop bien gérée, c'est-à-dire suspecte de visées lucratives). La réussite de l'Église de scientologie me paraît être en effet, sous ce rapport, non négligeable, mais fort modeste, comparée aux énormes ressources dont jouissent les vieilles Églises établies.* [...] *En l'absence de toute autre ressource, pour cette église, on ne peut pas dire que ses fidèles, par rapport à d'autres, soient abusivement exploités, leur engagement comme leurs contributions étant libres. Certains partis, certains clubs, certains organismes (je pense aux chevaliers de Malte), exigent des cotisations autrement élevées)* [2].

Les avocats de la secte, eux, sont par nature, supposés défendre la cause de leur client. On ne saurait leur reprocher. Mais il n'est pas interdit de remarquer qu'ils prennent parfois leur mission très à cœur. Ainsi Jean-Marc Varaut (3 points sur la liste « appuis potentiels »), qui s'est fait connaître en défendant les généraux putschistes d'Alger et les militants OAS. Ce ténor du barreau, rallié au giscardisme au début des années 70 a été le conseil en novembre 1977 du président de l'Église de l'époque, Georges Andreu, inculpé d'escroquerie en compagnie de Hubbard et deux autres dirigeants de l'Église française [3].

1. Philippe Laburthe Tolra a donné son accord en octobre 1992 pour faire partie du comité d'éthique de la FIREPHIM.

2. Philippe Laburthe Tolra, étude du 15 septembre 1979 sur les ressources de l'Église de scientologie.

3. Voir chapitre 2, p. 82.

Les scientologues en ont eu pour leur argent, puisque sa plaidoirie, reprise dans un mémoire de vingt-quatre pages intitulé *Défense de la scientologie,* est une véritable apologie de la secte. Au détour d'une phrase de son mémoire, Varaut confie avoir participé, deux mois plus tôt, à un colloque sur la liberté de conscience organisé par la Commission des citoyens pour les droits de l'homme – un des paravents de la secte...

Il est vrai que la secte n'est pas... sectaire. Un de ses avocats attitré, Mourad Oussedik (3 points sur la liste « appuis potentiels »), à l'inverse de Varaut, s'est illustré en défendant pendant la guerre d'Algérie, les militants du FLN. Il a cependant un point commun avec son confrère. Lui aussi n'a pas ménagé sa peine pour défendre ses clients comme nous l'apprend un ordre de paiement d'OSA d'avril 1989. Tout règlement de facture doit en effet recevoir au préalable l'aval d'OSA. Une décision que le bureau des affaires spéciales est tenu à son tour de justifier par un télex à OSA International. Le document comporte deux rubriques : le « produit » – ce qui a été obtenu – et le « retour » – ce qui est attendu des actions accomplies.

A la rubrique « Produit » de l'ordre de paiement concernant Oussedik (règlement de 10 000 francs), on peut lire ceci : *Un rapport confidentiel a été obtenu par le Comité des citoyens pour les droits de l'homme* [le CCDH, un des paravents de l'Église] *par l'entremise de Mourad Oussedik.* Hélas ! le document d'OSA ne précise pas la nature de ce rapport « confidentiel ».

Un de ses confrères, l'avocat Jean-Claude Chauveaud, lui aussi défenseur de l'Église, a fait mieux. Son produit, (l'ordre date également d'avril 1989) est résumé ainsi : *Il a entamé une action contre Antenne 2 après leur reportage sur Narconon et l'Espagne* [le rédacteur d'OSA fait ici référence à la vague d'arrestations et de perquisitions de (novembre 1988) contre les centres Narconon en Espagne] *(novembre 1988). Cela a sauvegardé la présence éthique* [l'image] *de Narconon dans les médias français.*

Chauveaud conseille Narconon et SOCO (le " réseau des coordinations sociales " qui fédère les associations téléguidées par la secte) sur les problèmes de droit du travail et les inspections. Il a manié plusieurs cas menaçants.

[...] *Il est connecté avec un terminal haut placé dans le nouveau gouvernement et ceci peut énormément aider Narconon.* De l'argent bien investi...

Ainsi vont les compagnons de route de la scientologie. Mi-crédules, mi-complices. Persuadés que les scientologues sont persécutés. Une conviction d'autant plus forte qu'aucun de ces « appuis potentiels » ne connaît la secte de l'intérieur. Ils ignorent tout de son fonctionnement et de ses méthodes. Pis, ils ne voient dans la dénonciation des pratiques de l'Église que la confirmation de leur certitude. Un aveuglement qui n'est pas sans rappeler celui des intellectuels qui à la marge d'une autre machine totalitaire, le parti communiste, ont pendant des années chanté les louanges de Staline.

Mais ceux-là, du moins, ont-ils viré leur cutie. Quel mur devra donc s'effondrer pour que les compagnons de route de la scientologie ouvrent enfin les yeux?

ÉPILOGUE

QUE FAIRE ?

> Lorsque vous quittez le pouvoir, acquittez-vous scrupuleusement de toutes vos dettes, donnez les pleins pouvoirs à tous vos amis et partez les poches remplies de munitions, de preuves compromettantes (pour éventuellement faire chanter vos anciens amis), de fonds illimités (déposés sur un compte privé) et d'adresses de tueurs à gages chevronnés, puis allez vous installer en Bulgarie et soudoyez la police.
>
> Ron HUBBARD, Introduction à l'éthique [1]

Comme un air de déjà vu

Paris, 13 janvier 1992. « L'Église de scientologie ? Non ce n'est pas ici. Vous vous êtes trompés de rue. » Penauds, les inspecteurs de la 9e division de la direction centrale de la Police judiciaire, chargée des escroqueries et des abus de confiance, redescendent l'escalier. La perquisition commence mal. Dans leur précipitation, ils ont confondu la rue Cadet avec la rue de Dunkerque, pourtant distantes de deux pâtés de maisons. Résultat, au lieu d'investir le siège parisien de la secte, ils ont envahi un local appartenant à un ordre... maçonnique !

Quelques éclairs de gyrophares plus tard, les policiers déboulent enfin devant le 65, rue de Dunkerque. Au même

1. *Op. cit.*

moment, 69, rue Legendre, une seconde équipe d'inspecteurs pénètrent dans les locaux du Celebrity Center. Les perquisitions vont durer jusqu'au lendemain.

Cette fois, ce n'est pas le juge Georges Fenech, mais un de ses collègues parisien, Marie-Paule Moracchini, qui est à l'origine de l'opération. Saisi de neuf plaintes pour escroquerie, déposées par d'anciens adeptes de l'Église, le magistrat a décidé de frapper fort. Le montant total des sommes versées à la secte par les plaignants – parmi lesquels figurent deux médecins du travail d'Ile-de-France – s'élève en effet à 3,7 millions de francs.

Une vingtaine de scientologues vont être interpellés. Dans le coffre de leurs voitures, les inspecteurs embarqueront des kilos et des kilos de documents. Dont de nombreuses pièces comptables. Et aussi des... lingots d'or !

La presse consacre de longs articles au coup de filet. La plupart des médias ont encore en mémoire la vague d'interpellations de l'été 1990. Déjà, on table sur une dizaine d'inculpations. Fausse route. Seul le président de l'Église, Jean-Paul Chapellet, qui a succédé à Danièle Gounord en février 1991, est inculpé d'escroquerie et d'exercice illégal de la médecine. Poursuites qui font de lui un récidiviste : le juge Georges Fenech, en 1990, avait déjà retenu contre lui les mêmes charges.

Le plus important est cependant laissé de côté : les responsabilités de Chapellet à la tête d'OSA. Comme son collègue lyonnais, Marie-Paule Moracchini ignore qu'elle a mis la main sur le chef des barbouzes de la scientologie. Un homme qui, depuis deux ans, sait que le juge s'intéresse à la secte.

Voici ce qu'écrit Edith, l'envoyée d'OSA international en France, dans un rapport du 10 juillet 1990 : *Nous avons également obtenu aujourd'hui des informations disant que le juge d'instruction Moracchini, avant le raid de Marseille, a adressé un mémoire au ministère de la Justice proposant un ensemble d'actions. Le mémoire explique que le seul moyen d'abattre la scientologie est de s'attaquer aux circuits financiers et à la comptabilité, et de se concentrer là-dessus.* [...] *Je n'en sais pas plus sur ce point. Nous allons remonter la piste au ministère de la Justice.*

Un de ses collègues lui a demandé son avis sur les arrestations de Marseille, Lyon et Paris. Elle a déclaré que mettre tous les scientologues en prison était une énorme connerie et que ce n'était pas ainsi qu'il fallait procéder : « C'est une bourde monumentale, et ils [les magistrats] ne les auront jamais comme ça. » Je pense que nous savons à quoi nous en tenir sur cette dame en ce qui concerne l'instruction des plaintes dont elle s'occupe.

La partie était donc inégale. Et l'affaire, démarrée dans la confusion, ne pouvait s'achever que sur un demi-échec. Le seul prolongement de la rafle sera l'inculpation, le 20 février suivant, du médecin chez qui les candidats à la cure de purification allaient retirer leur certificat d'aptitude, Claude Boublil, poursuivi pour escroquerie et complicité d'exercice illégal de la médecine.

La presse mentionnera à peine cette nouvelle inculpation. Son attention est tout entière mobilisée par les suites d'une autre perquisition : celle menée par le juge Renaud Van Ruymbeke au siège du PS dans le cadre de l'instruction des fausses factures de la SAGES, cette officine spécialisée dans le financement occulte des élus. Une affaire qui, comble de malchance pour le juge Moracchini, a éclaté le lendemain des perquisitions menées contre les locaux de l'Église, la privant ainsi d'un appui précieux.

La secte va mettre à profit cette diversion. Le 21 janvier 1992, son avocat, Dominique Inchauspé assigne l'ADFI devant le tribunal de grande instance de Paris pour violation de l'article 9 de la Convention européenne des droits de l'homme sur la liberté de pensée et pour violation de la loi de 1905 sur la neutralité religieuse de l'État français.

L'Église réclame la dissolution de l'association antisectes [1]. Ce n'est que le début de la contre-attaque. A la fin d'avril, l'Église apprend que Jean-Marie Cavada, le producteur du magazine « La Marche du siècle » sur FR 3 compte consacrer sa prochaine émission aux sectes. Parmi les reportages prévus, un document accablant de trente-huit minutes filmé clandestinement dans les locaux de la rue de Dunkerque.

Les scientologues redoutent le pire. D'autant qu'ils ont déjà sur les bras une autre affaire dont la presse commence à parler. Depuis une semaine, un ancien adepte, Éric D., un médecin de 27 ans observe une grève de la faim devant les locaux de la rue de Dunkerque. Réfugié dans sa voiture, il réclame le remboursement des quelque 480 000 francs qu'il a versé à la secte [2].

La scientologie engage aussitôt un référé auprès du Tribunal de grande instance de Paris demandant l'interdiction de la diffusion du reportage. La requête sera rejetée quelques heures à peine avant l'émission.

Jean-Paul Chapellet, invité à participer au débat, refusera de venir sur le plateau. Il sera remplacé in extremis par Danièle Gounord. Visiblement crispée, elle répondra à la plupart des questions par des attaques en règle contre l'ADFI et Alain Vivien.

1. En 1987, l'Église de scientologie avait déjà tenté de faire annuler l'agrément attribué à l'ADFI par le ministère de la Jeunesse et des Sports pour vice de forme. Le tribunal administratif avait accédé à cette requête. Après rectification des services du ministère, l'ADFI avait recouvré son agrément. A la même époque, la secte avait également essayé d'obtenir que soient annulées les subventions accordées par le ministère des Affaires sociales au Centre contre les manipulations mentales (CCMM) et à l'ADFI pour leurs publications. Le tribunal administratif de Paris n'accédera pas à ces requêtes (audiences du 12 février et du 30 avril 1987).

2. Considérablement affaibli, il sera hospitalisé quelques jours plus tard et devra renoncer à poursuivre sa grève.

Feu sur l'ADFI

Descente de police, inculpations, grève de la faim, émission de télé... Cette fois, c'en est trop, estiment les scientologues. Pour eux, pas de doute, l'ADFI est derrière tous leurs déboires. Il faut intimider l'association antisecte, organiser une campagne de propagande noire. La cible ? Jeanine Tavernier, la présidente.

Les hostilités débutent le 6 mai. Une voiture s'installe devant le domicile de Jeanine Tavernier dans Le Vésinet, dans la banlieue parisienne. Sur le toit est posée une pancarte : « Halte au racisme et à l'exclusion. Tavernier = incitation à la haine = danger, exclusion = haine = fascisme. » A l'intérieur du véhicule, deux scientologues. Le manège va durer... trois mois !

Une période durant laquelle, curieusement, Tavernier recevra de nombreux appels téléphoniques anonymes.

La présidente de l'ADFI alerte la police. Mais celle-ci ne peut rien faire. Les scientologues stationnent sur un emplacement autorisé et alternent les véhicules. Quant aux coups de fil anonymes, impossible d'en détecter l'origine. L'interlocuteur raccroche dès qu'il a obtenu sa correspondante.

Jeanine Tavernier décide de prendre le taureau par les cornes. Elle photographie les scientologues et relève les numéros minéralogiques de leurs voitures. Elle découvrira ainsi que l'une des automobiles appartient à Christian Gounord, le mari de l'ancienne présidente de l'Église... Le 2 août, les scientologues lèvent le siège, au grand soulagement du voisinage, qui commençait à souhaiter le départ de Jeanine Tavernier.

Ce n'est que partie remise. Le 12 septembre, une lettre ouverte adressée à la présidente de l'ADFI est distribuée dans toutes les boîtes aux lettres du Vésinet. Elle est signée par l'Association pour la défense des victimes de l'ADFI et Comité français des scientologues contre la discrimination.

« L'intolérance a encore tué », proclame le titre. A l'appui de cette accusation, le tract met en avant deux faits divers récents dans lesquels l'ADFI serait incriminée.

Première affaire, l'enlèvement puis l'internement forcé, en avril 1992, d'une jeune fille de Verdun, Anne-Catherine de Bouvier-Cachard, par sa propre famille. « Ma fille était endoctrinée par l'Église de scientologie », expliquera la mère à la presse pour justifier son geste. L'enquête ouverte à la suite de l'enlèvement révélera que l'histoire était inventée de toutes pièces. En fait, les ravisseurs, la mère et la tante de l'internée (inculpées depuis de séquestration) voulaient mettre un terme aux relations qu'Anne-Catherine entretenait avec un garçon dont le seul tort était de leur déplaire. L'ADFI n'a en rien téléguidé cet enlèvement comme le suggère le tract scientologue. D'abord, parce qu'elle est hostile à ce type de méthodes. Ensuite et surtout, parce que la famille l'a contactée après les faits. Sans doute ces parents abusifs étaient-ils à la recherche d'une documentation leur permettant d'étayer leur version.

Le second fait divers évoqué par les scientologues remonte au mois de juillet de la même année. Cette fois, il s'agit d'un assassinat : celui du président d'une association lyonnaise d'amateurs d'OVNIS, Jean Miguères, un singulier personnage. Victime d'un grave accident de la route, il y a une vingtaine d'années, cet ancien ambulancier devenu guérisseur radiesthésiste, prétendait avoir survécu grâce à l'intervention d'êtres supérieurs venus de la planète Khrischta. Une aventure qu'il a « racontée » dans plusieurs ouvrages *(J'ai été le cobaye des extra terrestres, etc.)*. En 1987, fort d'une petite notoriété, il fonde le Centre européen d'initiation à la recherche ufologique à caractère scientifique (CEIRUS), une association dont le but est, entre autres, de préparer l'arrivée des visiteurs de l'espace sur notre planète.

Miguères venait d'épouser Odile Dorysse, une jeune fille qui fréquentait son association depuis plusieurs mois. Sous l'influence de ce dernier, Odile a rompu les ponts avec ses parents, leur interdisant même de voir la fillette qu'elle a eue d'une première union. Les grands-parents devront faire appel à la justice pour obtenir un droit de garde pendant les vacances scolaires.

Quelques jours avant le drame, les nouveaux mariés annoncent qu'ils vont s'établir à l'étranger. Quand il apprend la nouvelle, Roger Dorysse, le père d'Odile, sent le monde s'effondrer sous ses pieds. Il ne reverra plus sa petite fille ! Il doit empêcher cela, à tout prix. Alors, le 28 juillet, il décroche son fusil. Et abat son gendre, en plein boulevard de la Croix-Rousse avant de se constituer prisonnier...

Un crime passionnel. Mais voilà, Roger Dorysse est membre de l'ADFI. Intrigué par les divagations de Miguères, il a pris contact avec l'association antisecte et a fini par la rejoindre.

Pain bénit pour les scientologues : la responsable du drame, c'est, bien sûr, Jeanine Tavernier ! *Vos mensonges,* écrivent-ils dans leur lettre ouverte, *vos insinuations, votre violence verbale commencent à justifier et à banaliser aux yeux de certains la violence physique à l'égard des membres de certaines minorités religieuses. [...] Il faudra bien, madame, que vous finissiez par accepter qu'il y a des gens qui sont différents de vous. Il faudra non seulement que vous l'acceptiez, cette différence, mais il faudra aussi que vous la RESPECTIEZ. Votre haine, vos mensonges, votre acharnement s'essouffleront bien avant notre désir de liberté.*

Que faire ?

Réaction incroyable quand on y songe. Voilà une organisation qui depuis deux ans est sur la sellette. Plusieurs descentes de police, une cinquantaine d'interpellations, des dizaines d'inculpations parfois assorties d'un placement en détention, une montagne d'articles défavorables... Et pourtant la scientologie continue de calomnier, menacer, persécuter [1]. A croire que rien ne peut en venir à bout. Que faire ? Édicter une législation antisecte comme régulièrement des voix le proposent ? Ce serait la pire des solutions.

Où commence en effet la secte ? Le sociologue, l'historien, le philosophe peuvent le dire. Mais pas la loi. Sauf à vouloir transformer celle-ci en police de la pensée. Mais alors c'en est fini de la liberté d'opinion et d'expression. Certains ont proposé de prendre en compte le concept de manipulation mentale. La difficulté reste identique. Qui peut jurer que la manipulation mentale soit le seul apanage des sectes ? La publicité, la communication – le maître mot de cette fin de siècle – sont elles aussi des formes de manipulation mentale. Dès qu'il y a volonté de séduction, il y a manipulation mentale. Et cela vaut aussi bien pour les religions, le discours politique ou la télévision. Débat piégé donc. Dans lequel, ce

1. De la même façon l'Église s'intéresse toujours aux militaires. En décembre 1992, une de ses responsables participait encore à la réalisation de *l'Encyclopédie de l'armée de terre,* ouvrage en dix volumes – sept étaient déjà parus à l'époque – édité par « Le Livre de Paris », filiale du groupe Hachette. Commandée par le ministère de la Défense, cette somme sur les personnels et les matériels de la grande muette a été mise en pages par l'agence Transylvanie, dirigée par Catherine Steinberg. Qui n'est autre que la trésorière du... Centre d'information sur la dianétique, une des succursales de l'Église.

Certes, l'agence n'intervient qu'en tant que directeur artistique de l'ouvrage. Elle ne participe donc pas aux recherches de documentation nécessaires à l'élaboration des notices. Mais Steinberg et ses collaborateurs entretiennent des contacts suivis avec la hiérarchie militaire. Ce sont en effet deux hauts gradés, le général Michel Barret et le colonel Hubert Ivanoff qui dirigent le comité éditorial. A leurs côtés, on trouve encore un lieutenant-colonel et un aspirant. Quant à l'iconographie – dans le choix de laquelle tout directeur artistique à son mot à dire –, elle provient entre autres du Service historique de l'armée de terre (SHAT), de l'Établissement cinématographique et photographique des armées (ECPA) et du Service de documentation photographique du musée de l'armée.

n'est pas un hasard, les sectes tentent toujours d'enfermer leurs contradicteurs. Il faut prendre le problème autrement. Cesser d'opposer secte et religion. Bref, abandonner le débat philosophique et s'en tenir au seul registre temporel.

Les faits sont accablants : pressions, menaces, chantage, diffamation, calomnie, persécutions, infiltrations, espionnage... Nous sommes en présence d'une authentique organisation subversive. Une organisation qui conspire contre la République et ses institutions. Son but ? La conquête du pouvoir. Projet mégalomane. Mais bien réel. Nous livrons à la réflexion du lecteur ces quelques phrases extraites d'un document extrêmement rare, une circulaire de Hubbard du 15 mai 1980 accessible aux seuls OT 8 : *Je vais bientôt quitter ce monde, mais seulement pour revenir et compléter ma mission sous une autre identité.* [...] *Mon retour aura lieu sous forme d'un conducteur non pas religieux, mais politique. Telle est désormais la condition d'existence pour la réalisation du but à poursuivre. Je demeurerai inconnu de beaucoup d'entre vous, mes activités resteront incomprises de beaucoup, et pourtant, tout au long de votre constant effort dans la bande Théta* [c'est-à-dire pour redevenir des thétans libérés], *je retarderai effectivement et j'arrêterai finalement la série des événements programmés* [l'englue-ment définitif des thétans dans leurs incarnations de chair] *pour faire de vous tous des esclaves heureux.*

Pour éradiquer la scientologie, l'arsenal juridique existant est largement suffisant. Encore faut-il qu'il soit utilisé. Autrement dit qu'il y ait une réelle volonté des pouvoirs publics de mettre un terme aux agissements de l'Église. Le problème ne concerne pas que les quelques milliers d'adeptes embrigadés dans l'organisation comme le croient cyniquement nombre de responsables politiques. Quand un groupe semi-clandestin est capable de contrecarrer l'action de la justice grâce à ses réseaux, ce sont tout bonnement les libertés publiques qui sont en péril.

Apparemment, on est encore loin d'une telle prise de conscience. Au ministère de l'Intérieur, par exemple, le suivi des sectes est assuré par la section des Renseignements généraux chargée de surveiller le Front national. Inutile de dire que les inspecteurs – pourtant compétents – consacrent l'essentiel de leur temps à la formation de Jean-Marie Le Pen. Comment espérer dans ces conditions que la justice puisse se montrer efficace ? Rares sont les magistrats, comme le juge Georges Fenech, qui ont le courage et la patience de remonter les filières [1]. Résultat, une fois l'orage passé, la scientologie est toujours debout.

Les procès à grand spectacle ne remplaceront jamais l'investigation méticuleuse. Certes, aux États-Unis, un jury de Los Angeles a condamné en 1986 l'Église à verser 30 millions de dollars (somme ramenée en 1989 à 2,5 millions) à un ancien adepte, Larry Wollersheim. Le tribunal avait estimé que l'Église était responsable de la ruine matérielle et psychologique de celui-ci.

Mais nous sommes en France. Le procès engagé en 1977 [2] pour escroquerie contre Hubbard et trois autres dirigeants de l'Église s'est soldé par la relaxe en seconde instance de trois des accusés. Et si le fondateur de la scientologie est resté jusqu'à sa mort sous le coup d'une condamnation à quatre ans de prison ferme, c'est uniquement parce que, à la différence de ses coïnculpés, il n'a pas fait appel. D'une certaine façon, cette issue était prévisible. Pour établir le délit d'escroquerie, le tribunal devait d'abord prouver que le discours scientologique était lui-même une escroquerie intellectuelle. Mission impossible. Aussi déconcertantes soient-elles, les élucubrations scientologues ont autant droit de cité que n'importe quelle autre croyance. Le droit et la justice n'ont pas à dire que celle-ci est plus recevable que celle-là. La

1. En décembre 1992, celui-ci poursuivait toujours son instruction.
2. Voir chapitre 2, p. 81.

République garantit à tous la liberté d'opinion et d'expression.

Si l'on veut marquer des points, il faut oublier la dimension irrationnelle et rester sur le terrain des faits. Comme par exemple conseil des prud'hommes de Saint-Étienne qui, le 18 mai 1987, a condamné l'Église à verser à l'une de ses ex-permanentes des rappels de salaires et de congés payés correspondant à vingt mois de travail [1]. Moins tapageuse, cette décision nous semble mille fois plus efficace.

Dans le désert idéologique d'aujourd'hui, les sectes représentent une force d'attraction incroyable. Et sont finalement les seules structures messianiques à survivre. La scientologie a de beaux jours devant elle. L'appareil d'État, nous l'avons montré, est déjà gangréné par l'Église. Pour l'instant, les scientologues se contentent de protéger leurs intérêts. Mais si l'on n'y prend garde, ils pourraient bien demain se servir de leurs relais pour influencer, dans l'ombre, la politique de la nation. Qu'en serait-il alors de la démocratie et de nos libertés ?

1. Le contrat « d'engagement religieux et d'inscription en tant que membre actif de l'Église » que la secte fait signer à ses permanents prévoit que « le versement même d'une allocation dépend des conditions financières de l'Église. Il pourra être suspendu temporairement si les conditions l'exigent ».

ANNEXES

8 JUILLET 1990 : « Le mémoire a été transmis au Président » (p. 36).

HANDLING: THE HANDLING FOR ALL OF THIS IS COVERED IN OT 11 AND THE DETAILS OF THAT THING ARE COVERED IN THE DEBRIEF OF KLAUS SO I DONT THINK I NEED TO REPEAT IT: THIS IS THE AREA OF F10: WILL MEET HIM VERY EARLY TOMORROW AS WELL: AS I REPORTED IN YESTERDAYS DR THE SUMMARY REPORT HAS BEEN DELIVERED TO PRESIDENT: F10 WILL NOW GO ON THE LINES PERSONALLY ON MONDAY AND GET IT 8CED THROUGH; MEETING HELD; INSTRUCTIONS GOTTEN BACK DOWN THE LINES TO THE MINISTRY OF JUSTICE LEVEL VIA THE HEAD OF THE CRIM DIVISION IN THE MINISTRY OF JUSTICE TO REVERT THOSE DIRECTIVES ISSUED ON THE PARQUETS AND INSTRUCT THEM TO LAY OFF AND COOL IT: THIS IS THE MAIN ACTION THAT HAS TO BE DONE: LEGALLY THERE IS NOT MUCH WE CAN DO AS WE DO NOT HAVE COPY OF IT AND THUS NO CHANCE TO ATTACK IT LEGALLY - WORKING ON GETTING THE WRITTEN COPY BUT UNTIL SUCH TIME KEY ACTIONS ARE THOSE LAID OUT IN OT 11 BY F10 AS THE WAY TO GET THEM TO COOL IT ON THOSE LINES: CHANCES LOOK VERY GOOD AS LAID OUT IN THE DEBRIEF OF KLAUS DUE TO THE COMM LINES THAT DO EXIST: ALSO MOJ IS CURRENTLY UNDER BYPASS BY PRESIDENT SO ORDER WOULD GO DIRECT TO HEAD OF CRIM DIV WHICH IS OVER ALL PARQUETS: ITS A STRAIGHT LINE RIGHT NOW WHICH WORKS WELL FOR US:

10 JUILLET 1990 : « F 10 a rendez-vous avec l'assistant de M. » (p. 39).

OT 11 PERSONAL LETTER WAS RECEIVED BY TERMINAL. ANSWER WILL BE BACK TOMORROW 10.00 AM WITH DIRECT ASSISTANT OF M AND F10 HAS MEETING WITH THE ASSISTANT AT 10.00 AM TO GO OVER THE INSTRUCTIONS SHE WILL HAVE RECEIVED BY THEN AND THEIR IMPLEMENTATION HE IS VERY CONFIDENT ON THIS CYCLE. HE IS GOING TO DEBRIEF TOMORROW LUNCH WHERE WE ARE AT.

20 JUILLET 1990 : « Le message est : “ Ça va être O.K. le feu vert a été donné ” » (p. 40).

OT 11
F10 IS BACK AND TALKED TO DAYAN PERS AIDE FOR JUSTICE MATTERS TO MITTERAND. MESSAGE IS THAT IT IS GOING OKAY AND GREEN LIGHT GIVEN. DID NOT WANT TO SAY MORE OVER PHONE. MEEETING WIHT HIM TOMORROW AT 10.30 AM TO FULLY PREP HIM. HE WANTS TO BE MORE PREPPED AS HAS MEETING ON MONDAY AM IN ELYSEE ON OUR CYCLE. I WILL ATTEND TOMORROW MEETING. SAID HAS CAUGHT UP WITH ALL DETAILS READ ALL THE MEDIA AND WANTS TO GO OVER MEDIA ACTIONS AS WELL.

TÉLEX DU 20 JUILLET 1990

CO OSA INT
FAM IC

RE: DR 20 JULY 90

DEAR SIR.

TKU FOR YOUR DR ANSWER.

[...]

« Brunet obtiendra des informations du chef de cabinet du ministère de l'Intérieur d'ici lundi. » (p. 30).

BRUNET FROM MIN OF CULTURE WHO EVA SAW YESTERDAY WAS CALLED BACK AND SAID HE IS GETTING INFORMATION ON THE SITUATION BY MONDAY FROM THE CHIEF OF CABINET OF THE MIN OF INTERIOR AND WILL GET BACK TO EVA.

[...]

Compte rendu d'un appel téléphonique de l'auteur à Michel Réveillère (p. 125).

TODAY MICHEL REVELLIERE A SCN AND OWNER OF A COMPUTER FIRM WAS CONTACTED BY FOUBERT FROM THE OUVELLEMENT MAGAZINE. MICHEL COMPANY DID HAVE CONTRACTS WITH MINISTRY OF DEFENSE AND THE FRENCH ARMY. MICHEL CAME TO OSA TO GET THIS FULLY COORDINATED AND WE ARE GOING TO WORK OUT HOW TO HANDLE THIS.

[...]

OSA France prend le dossier Dialogic en main (p. 129).

MICHAEL ROUST CAME IN TO FULLY DEBRIEF AS WELL. HE TOLD US THAT THE FILE OF DIALOG AND RAID UNIT HAD BEEN STOLEN OUT OF THE FIRM SEVERAL DAYS BEFORE THE HIT INTHE MEDIA. COMPLAINT FILED THEN AND IN PT THE WHOLE STRAT WORKED OUT WITH HIS ATTY AND OUSS. COMPUTER EXPERTS ACTIVATED TO SPEAK UP AGAINST THE DISCRIMINATION. THE EXPERTS THAT TESTIFIED IN THE CASE OF VIVIEN ESPECIALLY THOSE AGAINST DISCRIMINATION ARE BEING SEEN AND ONE SO FAR CLOSED TO GIVE STATEMENT FOR US THAT HE PREDICTED THIS KIND OF DISCRIMINATION WAS GOING TO OCCURE WHEN VIVIEN WAS RUNNING AROUND WITH HIS POISON.
ADDITIONALLY THE HEAD OF RAID UNIT CALLED MICHELE AND TOLD HIM THAT HE HAS ORDERS TO STOP ALL COMMUNICATION BUT THAT HE WILL TESTIFY FOR HIM IN THE CASE AGAINST THE MAGAZINE.
ADFI WILL BE ADDED TO THE CASE.

[...]

Julia Migenes cherche à obtenir un rendez-vous avec François Mitterrand (p. 46).

NO JULIA IS IN SOUTH OF FRANCE AND IS RETURNING TOMORROW TO PARIS TO FILM A TV SHOW WITH HERSELF AND STATEMENTS FROM OTHER CELEBS ON SCN THAT SHE WANTS TO GET OUT TO THE FRENCH TV STATIONS. ITS HER OWN SHOW AND THIS IS BEING DONE BY CC TOMORROW AND THROUGHOUT SUNDAY AS SHE WANTS HER MESSAGE OUT AND THE MEDIA AINT PRINTING WHAT SHE SAYS ANYWAY.
MITTERAND MEETING IS NO GO. JULIA TALKED TO SECRETARY TWICE AND HE IS BOOKED UNTIL AT LEAST NEXT TUESDAY ON PERSONAL VISITS. SO HE CANNOT SEE HER UNTIL SOMETIME NEXT WEEK. THE SECRETARY WILL CONTINUE AND IF JULIA GETS AN APPOINTMENT THEN SHE WILL FLY BACK FROM THE US FOR IT. THAT IS THE CURRENT ARRANGEMENT.

20 JUILLET 1990
LE PLAN DE RISPOSTE DE L'ÉGLISE (p. 41).

E X E C U T I V E   D I R E C T I V E

OSA INT ED

20 JULY 90

EC/AC OSA INT
EC/AC OSA EU
DSA FRANCE
LEGAL OFF DSA FRANCE
LEGAL PREPS UNIT I/C DSA FRANCE

FRANCE INVESTIGATIONS HANDLING PROGRAM

INFORMATION

About mid-May the Nice mission as well as 3 other missions and groups in Marseille were raided, staff were arrested and interrogated by the police and 5 staff were charged with fraud and illegal practice of medecine. 4 of those are still kept in jail (Xavier Delamare, Emmanuelle Aulagnier, Sylvie Musset, Marie-Ange Molina).

This investigation was prompted by about 6 penal complaints filed by ex-publics of the missions of the area, most of them being psych cases. The judge of instruction appointed on the case is Mrs Carole Sayouz.

End of June, the Lyon mission was raided also by the police and 2 staffs arrested (Alain Barou and Corinne Medalin), charged with fraud and illegal practice of medecine. Then the mission holder (Jean-Jacques Mazier) was charged with fraud, illegal practice of medecine and involuntary homicide and is still kept in jail.

Beginning of July, the Lyon police raided Paris org, CC Paris and the personal flats of the president and the secretary of CCP with the pretext they were looking for the treasury records of Lyon mission. The president and the secretary of the CCP, the president (Daniele Gounord), the secretary, the ex-treasurer of Paris org and the DSA FRA (Jean-Paul Chappelet) were arrested. The presidents of Paris org and CCP as well as the DSA FRA were kept by the police and then charged for complicity of fraud and of illegal medical practice of medecine. The president of CCP was released and JP and Daniele are kept in jail.

This investigation is apparently related to the suicide in March 88 of Mr Vic. Mr Vic had followed 2 introductory courses in the mission at that time and was in comm with the mission holder JJ Mazier. His next step to be done was the purif rundown. The complaint against X which had been filed by his wife at that time and had been shelved in 88, had been

[...]

PROGRAM PURPOSE

To revert the situation by launching a full legal offensive.

MAJOR TARGETS
----
1. To get the Marseille, Lyon and Paris Scientologists freed.

2. To get the cases in Marseille and Lyon turned to other impartial judges of instruction.

PRIMARY TARGETS
----
1. LEGAL OFF DSA FRANCE to take full responsability for the execution of this programme.

2. All with targets to study this programme.

3. Read the following references:
HCO PL 16 FEB 69 ISSUE II BATTLE TACTICS
HCO PL 18 FEB 66 ATTACKS ON SCIENTOLOGY CONTINUED
OSA NW ORDER 21 HANDLING ATTORNEYS
OSA NW ORDER 56 LEGAL STRATEGY
OSA NW ORDER 63 CRIMINAL CONSPIRACY
[...]

OPERATING TARGETS

LYON

[...]

9. Get lawyer Lussan to visit the replacement of the General Prosecutor in Lyon and to close him on the need to turn over the case to another JOI.
[...]

11. Get Ouss, Zavrian and BB to visit the JOI and impinge on him to the point that he understands that he is not going to win this "war".
[...]

13. Get Christian Gounord to file a complaint against X (ie police and JOI), for their attempts to blackmail him.
[...]

17. Get Michel Raoust, the Scientologist who got discriminated in the media to file a complaint for inciting to hatred and denounciation, with broad publicity.Add ADFI to the suit.
[...]

19. Get Scientologists and non-Scientologists working in the computer field (Raoust is working in this field); to write a press release denouncing the discrimination against Raoust.
[...]

21. Use any denial of the JOI to accept them as witnesses to evidence his partiality by filing any appropriated motions, or to add to the motion for transfer of the case already filed.

22. Get OL Barrucan, researcher at the National Center of Scientific researches, expert in the field of Sociology of Religions, to write an article in national paper Le Monde showing how outrageous are the current attacks against Scn; to visit the JOI and to demonstrate to him that there is no case and he better stop it now; to confirm his demonstration . writing to the JOI asking to be a witness in the case. Get Barrucan to file, together with his letter, all the testimonies of the OLs who witnessed in the Mrs Jew/Mrs Sects booklet case.

[...]

26. Get all the lawyers of JP and Daniele to do a big press conference in Paris to expose the whole conspiracy. Get national media coverage.

[...]

27. Get law professors ,Georges LEVASSEUR and Jacques ROBERT to write an article in national newspaper Le Monde showing that there is no ground for a case; and to make any intervention we can close them on, to get the case dismissed.

[...]

MARSEILLE
----

5. Based on the irregularities found in the case file - including the fact that the PC folder requests and other letters ,sent by individual Scientologists have not been put in the case folder - and any evidence of the partiality of the JOI, file a motion for transfer of the case to another juridiction. Get it through the Supreme Court, using the support from F10.

12 MAI 1988
OSA FRANCE REMET RÉGULIÈREMENT À JOUR LA LISTE DES ADVERSAIRES DE L'ÉGLISE ET LA TRANSMET À OSA INTERNATIONAL (p. 89).

Nomenclature des types d'attaques contre l'Église.

```
INVEST STATS 12.5.88
--------------------
--------------------

UATTACKS  TOTAL 569
--------------------

1. TM INFRINGERS

2. EXTERNAL INFLUENCES

3. A SUIT FILED AGAINST CHURCH

4. ANY LOST SUIT

5. A PRINT MEDIA HIT

6. AN ATTACK ON THE TV BY AN INDIVIDUAL

7. A TV PROGRAMME THAT IS AN ATTACK

8. LEGISLATION PROPOSED

9. LEGISLATION PASSED

10. ENTHETA BOOK PUBLISHED

11. LEGISLATIVE OR GOVT ENQUIRY

12. SCN ACTIVITY CLOSED DOWN

13. GOVT RESTRICTION IMPOSED

14. LEGAL CASE NOT INVOLVING CHURCH BUT ATTACK ON CHURCH

15. CIVIL SUIT ON CHURCH

16. CIVIL JUDGEMENT ON CHURCH

17. DEPROGRAMMING ON A SCIENTOLOGIST

18. PENAL COMPLAINT ON CHURCH OR STAFF MEMBER FILED

19. PENAL COMPLAINT ON CHURCH OR STAFF MEMBER ACTED ON
```

Les dix-sept premiers noms de la liste.

```
1. ALAIN VIVIEN (169)
---------------

HIMSELF                                                 1PT
ENTHETA PRESS    (5)                                  100PTS
VIVIEN VS FREEDOM BROCHURE (LIBEL/LOST)  18+19+4        3PTS
VIVIEN VS BC (SCIO COMPANY)              14             1PT
TAX CASES  PARIS ORG 69-72 LOST:3+16+4x3= 9PTS
TAX INSPECTIONS AND ASSESSMENTS :
   PARIS ORG 1981-84                   4PTS
   CCP 81-84                           4PTS


   STE 80-84                           5PTS
   STE RAID BY CONCURRENCE +PRICES = 1PT
   ANGERS  82-83                       2PTS
   CLERMONT 82-85                      4PTS
   LYON ORG 81-84                      4PTS
   MULHOUSE MISSION : 83-86            4PTS
   NARCONON ASSESSMENTS 81-84          4PTS
   GAME ASSESSMENTS 82-84              3PTS
           TOTAL TAX                                     44PTS
URSSAFF INSPECTIONS IN 1984 : 4 ORGS                      4PTS
LABOUR INSPECTIONS IN 1984    4 ORGS    4PTS
  "       "       PENAL COMPLAINTS: 18+19: 3 ORGS
                      AND LOST FOR 1 ORG =7PTS
                        TOTAL LABOUR TROUBLES :          11PTS
VIVIEN REPORT : 8+10+11                             =     3PTS
ARM FUNDING :              (2 GROUPS)                =    2PTS


2. CHANTAL CARRIERE (147)
-------------------

HERSELF                                               1PT
OWN COMPLAINTS : (FRAUD PENAL COMPLAINT : 18+19 = 2PTS
                 (ALLEGED INVEST STUFF) : 18+19 = 2PTS
HAAS VS C OF S  FRAUD PENAL COMPLAINT   : 18+19 = 2PTS
VERY VS CCP - FRAUD PENAL COMPAINT      : 18+19 = 2PTS
POLINA VS PARIS - FRAUD PENAL COMPLAINT : 18+19 = 2PTS
VILLENEUVE VS PARIS - FRAUD PENAL COMPLAINT 18+19=2PTS
MOREL VS PARIS - FRAUD PENAL COMPLAINT    18      =1PT
DUVAL VS PARIS - FRAUD PENAL COMPLAINT    18+19 = 2PTS
CONFICONI VS PARIS - FRAUD PENAL COMPLAINT 18+19= 2PTS
SERREL M.VS CCP - FRAUD PENAL COMPLAINT   18+19 = 2PTS
SERREL MRS - FRAUD PENAL COMPLAINT        18+19 = 2PTS
SERREL OLIVIER- FRAUD PENAL COMPLAINT     18+19 = 2PTS
                ALLEGED PRESSURES         18+19 = 2PTS
BAITBOUT VS CCP - FRAUD PENAL COMPLAINT   18+19 = 2PTS
SIVIRAGOL VS CCP - FRAUD PENAL COMPLAINT  18+19 = 2PTS
KINDT VS PARIS - FRAUD PENAL COMPLAINT    18+19 = 2PTS
                 ALLEGED PRESSURES        18+19 = 2PTS
MITSUCHI VS PARIS - FRAUD PENAL COMPLAINT 18+19= 2PTS
WETZEL VS PARIS  FRAUDF PENAL COMPLAINT   18+19= 2PTS
ANDRIEU VS CCP   FRAUD PENAL COMPLAINT    18+19= 2PTS
(NOTE:for all the above falling under the category 19
(complaints acted upon), WHOS PARLANGE AND GUILBAUD are also
behind the fact that they were acted upon.This is also true for
the 2 fraud penal complaints below JEANDROZ and PASCAUD.

CARRIERE is also behind the JEANDROZ complaints also those
complaints are counted later on under JEANDROZ.
JEANDROZ VS ECOLE DU RYTHME - FRAUD PENAL COMPLAINT 14
                            - ANOTHER PENAL COMPL.  14
JEANDROZ VS ECOLE DU RYTHME - LABOUR CASE           14
PASCAUD VS ECOLE DU RYTHME - PENAL COMPLAINT        14  = 1PT
UNKNOWN PLAINTIF VS B DIMANCHF                      18    1PT
UNKNOWN PLAINTIF VS P GANTER                        18    1PT
LOCAL RADIO (NAME NOT AVAILABLE)  5
FRANCE INTER NATIONAL RADIO       5
TV NEWS                           5
```

OTHER PRESS ARTICLES INCLUDING FRANCE SOIR, LE MONDE, LE FIGARO	5 TOTAL POINTS PRESS	62PTS
ATTEMPTED LIGHT DEPROGRAMMINGS ON SCIENTOLOGISTS	17	40PTS
ENTHETA BOOK L'ENFER DES SECTES BY G. PICARD	10	1PT
SOCO SCHOOL FUNDING MAINTAINED CUT	13	1PT

3. PORTEJOIE (43)

HIMSELF		1PT
DELUMEAU VS ANGERS CIVIL RR CASE	15+16	= 2PTS
GAUTHIER VS ANGERS RR CASE	15	= 1PT
BOYER VS CLERMONT RR CASE	15	= 1PT
BOYER VS AOSH EU RR CASE	15	= 1PT
CARDIET VS ANGERS RR CASE	15	= 1PT
JOURDAN VS CLERMONT RR CASE	15=16	= 2PTS
JOURDAN VS MILANO ORG RR CASE	15	= 1PT
SALE VS ANGERS RR CASE	15	= 1PT
CICERO VS CLERMONT RR CASE	15	= 1PT
GUILLAUME VS CLERMONT RR CASE (ALSO LOST)	15+16=4	= 3PTS
BESSIERE VS CLERMONT RR CASE	15	= 1PT
CHABROLLE VS CLERMONT RR CASE	15	= 1PT
PRINCE VS LYON RR CASE	15	= 1PT
ROUSSEL VS ANGERS RR CASE	15	= 1PT
KUNZ VS CLERMONT RR CASE	15=16	= 2PTS
CHARTIER VS CLREMONT RR CASE (ALSO LOST)	15+16+4 =	3PTS
LOMBARD VS CLERMONT RR CASE	15	= 1PT
LUMINI VS CLERMONT LABOUR CASE	3+16+4	= 3PTS
LECOUSSIS VS ANGERS LABOUR CASE	3	= 1PT
MRS LECOUSSIS VS ANGERS LABOUR CASE	3	= 1PT
LAGRANGE VS CLERMONT RR CASE	15	= 1PT
PLAINESMAISON VS CLERMONT RR CASE	15	= 1PT
VIDAL VS CLERMONT RR CASE	15	= 1PT
VIDAL VS CLERMONT RR CASE	15	= 1PT
DELAIRE VS CLERMONT RR CASE	15+16	= 2PTS
DELAIRE VS AOSH RR CASE	15+16	= 2PTS
DELAIRE CH VS CLERMONT RR CASE	15	= 1PT
LESTURGEON VS CLERMONT	15	= 1PT
LESTURGEON MRS VS CLERMONT RR CASE	15	= 1PT
WOZACK VS CLERMONT RR CASE	15+16	= 2PTS

4. WEIL (36)

HIMSELF			1PT
PIEL VS C OF S FRAUD PENAL COMPLAINT	18+19	=	2PTS
BROCKER VS PARIS - FRAUD PENAL COMPLAINT	18+19	=	2PTS
MONTPERRUS VS PARIS FRAUD PENAL COMPLAINT	18+19	=	2PTS
CARRIERE VS PARIS FRAUD PENAL COMPLAINT	18+19	=	2PTS
ALLEGED INVEST STUFF	18+19	=	2PTS
(CARRIERE IS ALSO OF COURSE BEHIND)			
WETZEL VS PARIS FRAUD PENAL COMPLAINT	18+19	=	2PTS
(CARRIERE IS ALSO BEHIND)			
VERONIQUE BONHOMME VS ANGERS FRAUD PENAL COMPLAINT	18+19	=	2PTS
SYLVIE BONHOMME FRAUD PENAL COMPLAINT	18+19	=	2PTS

GEOFFROY VS PARIS FRAUD PENAL COMPLAINT 18+19 = 2PTS
(NOTE : for all the above complaints, WHOS PARLANGE AND GUILBAUD are also behind the fact that they were acted upon)
LAN TRAN NGOC FRAUD PENAL COMPLAINT 18+19+4= 3PTS
ADFI VS PARIS FRAUD PENAL COMPLAINT 18+19+4= 3PTS
LECERF VS BROMBERG ; LIBEL CASE 18+19+4= 3PTS
BAFFOY VS ATLAN LIBEL CASE 18+19+4= 3PTS
eNTHETA PRESS : FORUM (1984)
FRANCE SOIR, LA CROIX
LE MONDE (1977)
LA CROIX (1984) TOTAL CAT. 5 = 5PTS

5. DUMAS (34)

HIMSELF 1PT
BOMBOIS VS LYON RR CASE 15+16 = 2PTS
PENAL COMPL FOR BOUNCED CHEQUE 18+19 = 2PTS
DUMAS MIKE VS PARIS RR CASE 15 = 1PT
BADIN VS LYONS RR CASE 15+16 = 2PTS
GUYONNET VS STE RR CASE (ALSO LOST) 15+16+4 = 3PTS
BRUYERE VS STE RR CASE (ALSO LOST) 15+16+4 = 3PTS
CAVALVI VS STE RR CASE (ALSO LOST) 15+16+4 = 3PTS
CORECA VS STE RR CASE (ALSO LOST) 15+16+4 = 3PTS
VILLARET VS STE RR CASE 15 = 1PT
LABOUR CASE (LOST) 3+16+4 = 3PTS
CONSUMMER ASSOCIATION - COMPLAINT FOR PRICE LABELLING=3+16+4
3PTS
CONSUMMER ASSOCIATION "50 MILLION CONSUMMERS" VS STE PRICE LABELLING 3+16+4 = 3PTS
DIR CONCURRENCE AND PRICE VS STE - NON LABELLING PRICES (ALSO LOST) 18+19+4 = 3PTS

6. DARCONDO (16)

HERSELF 1PT
DARCONDO VS PARIS FRAUD PENAL COMPLAINT: 18+19 = 2PTS
ALLEGED PRESSURES 18+19 = 2PTS
MARTHE LEVAY PENAL FRAUD COMPLAINT 18+19 = 2PTS
ENTHETA TESTIMONY IN ATLAN CASE 14 = 1PT
ENTHETA PRESS:
EUROPE 1 NATIONAL RADIO (1985)
FEMME ACTUELLE (1985)
FRANCE INTER (1985)
RADIO COURTOISIE : 1988
LE CHOC DU MOIS : 1988
LECTURES FRANCAISES (2 ARTICLES 1988)
TOTAL PRESS = 7PTS
ENTHETA BOOK "VOYAGE AU CENTRE DE LA SECTE" (1988) 1PT

7. CHAMPOLLION (16)

HERSELF 1PT
ENTHETA PRESS = 15 ARTICLES 15PTS

8. MONESTIE (13)

HIMSELF	1PT
PARQUET VS PARIS VALENTIN FRAUD PENAL COMPLAINT	18+19+4=3PTS
PARQUET VS PARIS FRAUD PENAL CASE	18+19+4=3PTS
PARQUET VS LRH FRAUD PENAL COMPLAINT	18+19+4=3PTS
PARQUET VS LAARHUIS FRAUD PENAL COMPLAINT	18+19+4=3PTS

9. FRANCOISE D'EAUBONNE (11)

HERSELF	1PT
ENTHETA BOOK "S COMME SECTES"	1PT
ENTHETAZ ARTICLES : 10	10PTS

10. JEANDROZ (10)

HERSELF	1PT
JEANDROZ VS ECOLE DU RYTHME - FRAUD PENAL COMPLAINT	14 =1PT
- ANOTHER PENAL COMPL.	14 =1PT
JEANDROZ VS ECOLE DU RYTHME - LABOUR CASE	14 =1PT
ACTIVATING MP TIBERI IN OBTAINING ENTHETA LETTERS FROM SEVERAL MINISTERS (CONSIDERED AS A MEDIA HIT)	1PT
BORNE VS WIFE : DIVORCE CASE	1PT
ENTHETA COLLOQUY ON SECTS IN GRENOBLE :+ 2 PRESS ARTICLES	3PTS
LIGHT ATTEMPTED DEPROG ON CCP PUBLIC B. VENDRE	1PT

11. PIERRE MANGETOUT (LIBERATION REPORTER) (7)

HIMSELF	1 PT
6 ENTHETA ARTICLES	6 PTS

12. DE SAINTE FOY (7)

HIMSELF	1PT
HEAD OF THE CREDIT MUTUEL FEDERATION WHICH LODGED A COMPLAINT AGAINST SCIENTOLOGISTS, GOT IT ACTED UPON, AND GOT 4 INDICTEES (1=1=4)	6PTS

13. ROGER GONNET (6)

HIMSELF	1PT
ENTHETA TESTIMONY CIRCULATED :	1PT
ENTHETA ARTICLES : LE MONDE LYON LE FIGARO LYON LIBERATION LYON ELITE	

TOTAL PRESS 4PTS

14. VILLACEQUE (REPORTER OF LE MIDI LIBRE) (6)

HIMSELF 1PT
5 ENTHETA ARTICLES 5 PTS

15. TROUSLARD (BISHOP) (6)

HIMSELF 1PT
ENTHETA PRESS : 5 ARTICLES 5PTS

16. VILLAIN (5)

HIMSELF 1PT
PENAL COMPLAINT AGAINST SOCO SCIO BARBAS IN 1985 :14 =1PT
3 ARTICLES AGAINST BARBAS AND SCIENTOLOGY =3PTS

17. GILBERT PICARD (5)

HIMSELF 1PT
ENTHETA BOOK "L'ENFER DES SECTES" 1PT
ENTHETA ARTICLES 3 3PTS

OSA France rend compte régulièrement de ses contacts à OSA International (p. 163).

A/PR AIDE OSA EU

D/DSA FRANCE 7.10.88

DEAR TARJA,

HERE IS THE LIST THAT YOU ASKED FOR:

[...]

29.9
CHOUCROY - PRESIDENT OF LAWYERS OF CASSATION COURT AND TOP JEWISH OL AND JURIST.

22.9
BOULOC HANDLED TO BE ON OUR COMMITTEE HE IS A TOP JURIST IN FRANCE.

[...]

16.6
MAYOR DUMAET OF 2ND DISTRICT IN PARIS WAS VISITED AND THOUGHT WELL OF OUR ANTI-DRUG CAMLPAIOGN AND IS ALSO ANTI SOCIAL SECURITY. hE HAD NOT ENTHETA ON THE CHURCH AND SUPPORTED OUR AIMS.

9.6
FATHER GAUTIER - RIGHT HAND OF BISHOP OF ANGERS AREA WAS MET BY A SCIENTOLOGIST. HE HAD RECEIVED SOME ENTHETA ABOUT SCIENTOLOGY IN THE PAST AND THE SCIENTOLOGIST FILLED THE VACUUM AND PRESENTED WHAT IS SCN. SHE SPOKE ABOUT RELIGIOUJS FREEDOM ON WHICH HE AGREED AND ALSO ABOUT DRUG AND TRANQUILLIZERS. HE WAS INTERESTED AND SAID SHE COULD COME FURTHER TO SPEAK TO HIM ABOUT THAT. SHE GAVE HIM THE LAST ISSUE OF FREEDOM ABOUT THIS SUBJECT.

25.8
SEIDEL GROUP INFORMATION ASILES (ANTI-PSYCH GROUP) ALLIED.

18.8
FALALA. HE IS MAYOR AND MP FOR THE AREA OF REIMS WHERE A MISSION IS LOCATED. HE WAS APPROACHED IN WRITING AT THE TIME OF THE ELECTIONS BY THE LOCAL MISSION HOLDER AS REPRESENTATIVE OF AN ASSOCIATION OF SCIENTOLOGISTS FOR SOCIAL PROGRESS, AND THE MP HAD WRITTEN BACK. HE WAS THEN VISITED AND THE MEETING WENT QUITE WILL. THE GUY AGREED TO FORWARD DATA TO THE NATIONAL ASSEMBLY.

11.8
UDAF VOSGES (UNION DEPARTMENTALE DES ASSOCIATIONS FAMILIALES DES VOSGES / DEPARTMENTAL UNION OF FAMILY ASSOCIATIONS FIGHTING AGHAINST DRUGS AND TRANQUILLIZERS) WHICH IS OK TO COOPERATE, LOVES OUR FREEDOM AND IS OK THAT WE MENTION THEM AND THEIR CAMPAIGN IN FREEDOM.

21.7 CHIEF EDITOR OF LE REPUBLICAN LORAIN ALLIED (REPLACES CLAUDE PUHL ON THE LIST)

14.7
RADIO NOSTALGIE HANDLED AND DOING DIANETICS CAMPAIGN

19.5
PIERQUIN FROM THE SALVATION ARMY WAS MET AND ALLIED. HE IS REALLY IN OUR FAVOUR. HE GAVE OK FOR A FREEDOM INTERVIEW ON TRANQUILLIZERS.

DON'T HAVE A BREAKDOWN EARLIER THAN THIS AS THIS IS WHEN THE STAT CAME IN I THINK.

LOVE
MARTIN

TÉLEX DU 10 JUILLET 1990.

CO OSA INT
FAM IC

RE: DR 10 JULY 90

DEAR SIR

Deux ans avant la perquisition du siège parisien de l'Église de scientologie sur commission rogatoire du juge Marie-Paule Moracchini, les scientologues savaient déjà que le magistrat s'intéressait à eux (p. 216-217).

ALSO GOT INFORMATION TODAY THAT JOI PARIS. MORACHINI PRIOR TO THE MARSEILLE RAID SENT A MEMO TO MIN OF JUSTICE SUGESTING OVERALL ACTION AND SUGGESTED THAT THE ONLY WAY TO GET AT SCN IS VIA THE MONEY FLOWS AND ACCOUNTING AND TO CONCENTRATE ON THAT. THIS IS INTERESTING IN VIEW OF EVERYTHING. I DONT KNOW MORE THEN
THIS AND NEED TO TRACK THIS DOWN IN MIN OF JUSTICE/ THIS IS INTERESTING THOUGH IN VIEW OF THE OVERALL SCENE/ SHE WAS ALSO ASKED BY A COLLEGUE ON HER VIEWS ON THE SCENE AND STATED THAT PUTTING THE SCN IN JAIL IS A TOTAL FUCK UP AND NOT HOW IT IS SUPPOSED TO GO AND THAT IT WAS A MAJOR MISTAKE AND THEY WILL NEVER GET THEM THAT WAY. I GUESS WE KNOW WHERE THIS LADY SITS WITH RESPECT TO THE PENDING COMPLAINTS SHE HAS.

La liste des « appuis potentiels » de l'Église au 10 mai 1988 (p. 172).

TARGETS DEFENCE POINTS IN

MEDIA

REGIONAL RADIOS	24	48
DE BEKKETCH (CHOC DU MOIS)		3

RELIGIOUS ALLIES

REZELMAN - PROTESTANT	2
BERNARD DUPUY - CATHOLIC	3
PASTOR SCHWEITZER - PROTESTANT	3
TOULAT - CATHOLIC	3
DR ROSSI AIDLR	4
J.PAUL BARQUAN AIDLR	3
RABBI STOURDZE - JEW	2
BAHAIS	3
DR MARIE - MORMONS	3
FATHER CORDIER - CATHOLIC	2
FATHER DE GIBBON - CATHOLIC	3
PASTOR DESSART - PROTESTANT	4
SWAMI SHAMAUANDA - SIKH	3
FRONA - CATHOLIC	3
M. HABCHI - MUSLEM	3
HADJ EDDINE - MUSLIM	3
KRISHNA	3
RENE LEVY - MACROBIOTIC ZEN	3
MAUJAT SIN -SIKH	3
PASTOR MAURY - PROTESTANT	3
M NAROZ - COPTIC	2

ACADEMICS

MESNER	3
BAUBEROT	3
BORNSTEIN	3
BLANDRE	2
BARRUCCAUD	2
D'ESPAGNAC	3
DERICUEBOURG	2
J.MARC FLORAUT	3
JAQUES ROBERT	3
PROF LEPINE	3
JAQUES GOIMARD	3
DENIS HUISMAN	3
JOSEPH JOFFO	3
KLARSFELD	3
LABURTHE-TOLRA	2
JF MAYER	3
EMILE POULAT	3
LORIS OLIVIER SEGUY	3
JEAN SEGUY	3

LEGAL

JEAN CARONNIER	3
CHOUCROY	3
CHAUCHARD	3
COHEN JONATHAN	3
LUSSAN	3
LABBE	2
LEVASSEUIR	3
OUSSEDIK	3
VARAUT	3

TOTAL 191

INDEX DES NOMS CITÉS

C

D

E

F

G

H

I

Cet ouvrage a été réalisé par la
SOCIÉTÉ NOUVELLE FIRMIN-DIDOT
Mesnil-sur-l'Estrée
pour le compte des Éditions Calmann-Lévy
en février 1993

Imprimé en France
Dépôt légal : février 1993
N° d'édition : 11878/01 – N° d'impression : 23002